Hartmut Marhold

Europatag

Hartmut Marhold

Europatag

Wie Europas Gemeinschaft ihren Anfang nahm

Tectum Verlag

Hartmut Marhold
Europatag
Wie Europas Gemeinschaft ihren Anfang nahm

ISBN: 978-3-8288-4432-2
ePDF: 978-3-8288-7445-9
ePub: 978-3-8288-7446-6

Umschlag: Tectum Verlag, unter Verwendung des Bildes #1571005561
von vladm | www.shutterstock.com

Druck und Bindung: docupoint GmbH, Barleben
Printed in Germany

Besuchen Sie uns im Internet
www.tectum-verlag.de

Bibliografische Informationen der Deutschen Nationalbibliothek
Die Deutsche Nationalbibliothek verzeichnet diese Publikation in der Deutschen Nationalbibliografie; detaillierte bibliografische Angaben sind im Internet über http://dnb.d-nb.de abrufbar.

Inhalt

Erster Teil
Menschen, Pläne, Taten

I.
Jean Monnet – Der Erfinder und sein Plan (14. bis 28. April 1950)

Auf dem Pariser Ost-Bahnhof, in Eile ...

Freitagnachmittag, 28. April 1950. Auf der Gare de l'Est in Paris, dem ‚Ostbahnhof', drängt eine Menschenmenge auf die Bahnsteige. Alle wollen sie nach Dienstschluss die Stadt verlassen, das Wochenende zu Hause verbringen. Pendler gab es schon damals in großer Zahl, und insbesondere hier in Paris – „Paris und die französische Wüste" ist der Titel eines viel gelesenen Buches, das drei Jahre zuvor anprangerte, in welchem Maß in Frankreich alles auf Paris zugeschnitten war, wie die Hauptstadt alles an sich riss, wie die „Provinz" vernachlässigt wurde. Und Autos hatten noch nicht viele. Die Pariser Kopfbahnhöfe verteilen die Pendler in die Richtungen, die sie einschlagen müssen, um nach Hause zu kommen: Von der Gare de l'Est fährt man Richtung Reims und weiter nach Lothringen, bis Metz und darüber hinaus.[1]

Der Zug nach Metz steht schließlich zum Einsteigen bereit, die vielen Menschen schieben sich in die Waggons. Da hastet ein Mann auf den Bahnsteig, mittleren Alters, sehr korrekt gekleidet, mit einer Aktentasche unter dem Arm, offensichtlich in großer Eile; er blickt sich suchend um nach jemandem, der diesen Zug nehmen will, findet ihn nicht mehr auf dem Bahnsteig, wird immer unruhiger, steigt selbst in den Zug – und sieht endlich den Gesuchten. In aller Eile übergibt er ihm die

Aktenmappe, mit den Worten: „Bitte beschäftigen Sie sich am Wochenende damit! Es ist wirklich wichtig und könnte die Lösung unserer Probleme sein!" Danach kann er gerade noch aussteigen, dann setzt sich der Zug in Bewegung, der Reisende mit dem Dossier ist auf dem Weg ins Wochenende.[2]

Wer war der Mann auf dem Bahnsteig? Wer war der Gesuchte? Der eilige Sucher war Bernard Clappier, Büroleiter des Außenministers, ein hochgestellter Beamter des französischen Außenministeriums, des ‚Quai d'Orsay', wie diese prestigeträchtige Regierungsstelle nach ihrem Amtssitz an der Seine gewöhnlich genannt wird. Und der Gesuchte war kein geringerer als der französische Außenminister selbst, Robert Schuman, der ganz bescheiden, wie andere Pendler auch, am Wochenende den Zug in seine Heimatstadt Metz nahm und von dort mit dem öffentlichen Bus in das Örtchen fuhr, in dem er zu Hause war, mit dem für Deutsche nur schwer aussprechbaren Namen Scy-Chazelles, heute praktisch ein Vorort von Metz, kaum 4 km vom Stadtzentrum entfernt.

Aber warum hatte es Clappier so eilig, dass er den Minister noch bis in den Zug verfolgte? Was war das Problem, dessen Lösung so dringend war? Und was war die Lösung, die offenbar in der Akte enthalten war?

Druck auf Frankreich: Löst das Deutschland-Problem!

Frankreich stand in diesen Tagen und Wochen unter hohem Druck – wegen Deutschland. Für den 10. Mai 1950 und die folgenden Tage war eine Konferenz der Außenminister der USA, Großbritanniens und Frankreichs anberaumt worden, auf der die Franzosen Farbe bekennen sollten: Welche Zukunft sollte der neue westdeutsche Staat, die Bundesrepublik Deutschland, haben dürfen? Fünf Jahre nach dem Krieg, dem zweiten innerhalb der letzten dreißig Jahre, waren die Deutschen in den Augen vieler Franzosen weiterhin die Feinde, ja die ‚Erbfeinde', d. h. eigentlich ‚Feinde für immer'. Im französischen Interesse konnte es nur liegen, so sahen das viele, auch den westdeutschen Teilstaat, die neu gegründete Bundesrepublik, möglichst ohnmächtig zu halten, im besten Fall in seine regionalen Bestandteile zu zerlegen, die Bundesländer unabhängig zu machen, eine Zusammenfassung deutscher Macht überhaupt zu verhindern, sie aber mindestens unter Kontrolle zu halten. Mit diesem Ziel sollte auch die westdeutsche Industrieproduktion so gering wie möglich gehalten werden, damit nicht die alten Konflikte um Rohstoffe und Ressourcen – und das hieß für die damaligen Industriestaaten vor allem: Kohle und Stahl – erneut aufbrachen, damit nicht die (West-)Deutschen erneut eine überlegene Industrie aufbauen konnten, mit der die Franzosen nicht würden konkurrieren können, damit die Bundesrepublik nicht die Hoheit über gerade die Ressourcen wiedererlangte, die zum Aufbau einer neuen Rüstungsindustrie führen konnten.

Entscheidend war deshalb die Kontrolle über das Ruhrgebiet (und das Saarland), das Reservoir deutscher Industriemacht schlechthin. Die deutsche Produktion im Ruhrgebiet sollte begrenzt bleiben, die Produktionsquoten niedrig gehalten, die Saar am besten gleich ganz Frankreich angegliedert werden. Kurz und gut: Die französische Deutschlandpolitik unterschied sich nicht grundlegend von der nach dem Ersten Weltkrieg – die ‚Lösung' des Deutschland-Problems sollte darin liegen, den neuen Staat durch Auflagen und Kontrollen möglichst machtlos zu halten. Kein Wunder, dass diese französische Deutschlandpolitik in der jungen Bundesrepublik höchst unbeliebt war, kein Wunder, dass die Begegnungen zwischen dem Bundeskanzler, dem inzwischen 74-jährigen Konrad Adenauer, und dem französischen Außenminister – zu dieser Zeit Robert Schuman – frostig waren.

Ganz im Gegensatz zu den Beziehungen, die sich inzwischen mit Großbritannien und mehr noch mit den USA entwickelt hatten. Für diese beiden ‚Westalliierten' stellte sich die Lage seit einiger Zeit ganz anders dar: Die Kriegskoalition der vier Siegermächte war längst zerbrochen, die Trennlinie verlief nicht mehr zwischen Sowjetunion, USA, Großbritannien (und, als Juniorpartner, Frankreich) einerseits und Nazi-Deutschland andererseits; nein, jetzt war das der „Eiserne Vorhang", wie Winston Churchill die Grenze zwischen Ost und West getauft hatte. Eine neue globale Frontstellung hatte sich herausgebildet, in der die beiden neuen ‚Supermächte' die Pole waren, die alles in ihren Bann zogen. Der Marshall-Plan 1947, die sowjetische Berlin-Blockade und der kommunistische Putsch in der Tschechoslowakei, 1948, und die Gründung der NATO im Jahr darauf waren entscheidende Etappen auf dem Weg der Blockbildung. Im Westen fürchtete man inzwischen mehr die Ausbreitung des sowjetischen Kommunismus als ein Wiederaufleben des deutschen Nationalsozialismus. Die USA (und, aus etwas anderen Motiven, auch die Briten) hatten deshalb die Bildung eines westdeutschen Staates begrüßt und gefördert; er sollte seine Rolle bei der Abwehr des sowjetischen Imperialismus spielen, im Rahmen der westlichen Demokratien. Ende 1949 waren in den Augen der Amerikaner die Westdeutschen zu Verbündeten geworden, die man stärken, ja vielleicht bald sogar wieder mit Waffen ausstatten musste, damit ihre Stärke auf der Seite des Westens zu Buche schlagen konnte. Auf jeden Fall sollte man der jungen Bundesrepublik gestatten, ihre Industriewirtschaft wieder flott zu machen, und das hieß in erster Linie: die Auflagen, Kontrollen und Restriktionen aufzuheben, die bisher den Zugriff auf die Bodenschätze des Ruhrgebiets stark eingeschränkt hatten. In den Augen der Amerikaner war schon die Wiederbelegung der westdeutschen Wirtschaftskraft allein, auch ohne Wiederbewaffnung, unabdingbar für die Stärkung und Widerstandsfähigkeit des westlichen Lagers insgesamt … und, nicht zuletzt, unabdingbar auch für die amerikanische Exportwirtschaft, die einen florierenden europäischen Markt als Handelspartner brauchte.

… ein Horrorszenario in den Augen der Franzosen! Das war auch den beiden angelsächsischen Siegermächten klar: Für Frankreich war diese Wende nur schwer nachzuvollziehen. Die USA und Großbritannien brachten ein gewisses Maß an Verständnis für die französischen Ängste auf. Sie waren bereit, die Lösung der deutschen Frage Frankreich zu überlassen – aber eine Lösung mussten die Franzosen vorlegen, sonst würden die beiden Westmächte ihre eigenen Vorstellungen realisieren, und das hieß Freigabe der westdeutschen Industrieproduktion und eventuell baldige Schaffung westdeutscher Streitkräfte.

Am 10. Mai, in London, bei der nächsten Außenministerkonferenz, musste Frankreich Farbe bekennen. Aber zwei Wochen vorher, Ende April, hatte die französische Regierung noch nicht die Spur eines Planes! Es fehlte einfach eine Idee, wie man das Dilemma auflösen konnte. Robert Schuman fühlte sich geradezu verfolgt von dem Auftrag der Briten und Amerikaner, eine Lösung für das Deutschland-Problem vorzuschlagen. Deshalb hatte Bernard Clappier es so eilig, Robert Schuman noch an jenem Freitagnachmittag, vor dem Wochenende, im Zug nach Metz zu erreichen …

Der Premierminister schweigt – Monnet und Clappier reden

… denn in der Tasche hatte er die Idee, die so dringend gesuchte Lösung des Problems: den Plan für eine „Europäische Gemeinschaft für Kohle und Stahl".

Bernard Clappier kam aus dem Büro von Jean Monnet, den er gelegentlich nach dem Ende einer arbeitsreichen Woche, am Freitagnachmittag, wenn der Minister sich ins Wochenende verabschiedet hatte, in der Rue de Martignac aufsuchte, wenige hundert Meter von seinem eigenen Dienstort im Quai d'Orsay entfernt. Die beiden kannten sich gut, hatten ein vertrautes Verhältnis zueinander und nutzen die entspannten Momente vor dem Wochenende, um ihre Einschätzung der internationalen Lage und der französischen Regierungsinterna auszutauschen. Diesmal kam die Rede, unausweichlich, auf die bevorstehende Ministerkonferenz in London, und Clappier machte keinen Hehl aus seiner Beunruhigung – noch war ja keine Lösung abzusehen, die den französischen Interessen entsprechen und die beiden anderen Westalliierten zufriedenstellen würde. Monnet erinnerte Clappier daran, dass er ihm ja vor zwei Wochen schon angedeutet habe, in welcher Weise das Problem nach seiner Ansicht angegangen werden könnte, dass Clappier darüber mit dem Außenminister sprechen und dann zurückrufen wollte, sich aber entgegen dieser Ankündigung nicht wieder gemeldet habe.

Nun, am Freitag, dem 28. April, ausgerechnet heute, habe er, Jean Monnet, das inzwischen weiter ausgearbeitete Projekt an den Premierminister, Georges Bidault, überstellen lassen – genauer gesagt an dessen Büroleiter, Falaize, mit der Bitte um einen Gesprächstermin am folgenden Tag, worauf er allerdings noch keine Antwort erhalten habe. Später sollten drei Versionen kursieren, die das Schweigen Bidaults erklären ... darauf wird noch zurückzukommen sein.

An jenem Freitagnachmittag jedenfalls bat Bernard Clappier Jean Monnet, einen Blick auf dessen Ideenskizze werfen zu dürfen, die er selbst aus den Augen verloren hatte und auf die der Premierminister nicht reagierte. Monnet, der sich von seiner Pflicht zur vorrangigen Information Bidaults entlastet glaubte, hatte nichts dagegen. Clappier aber wurde zusehends unruhiger, ja aufgeregter, je weiter er mit der Lektüre kam – ihm war sofort klar: Dieser Plan enthielt die lange gesuchte französische Antwort auf die Frage der beiden anderen Westalliierten, hier lag – möglicherweise – die Lösung des Deutschland-Problems! Erregt fragte er schließlich Monnet, ob er diesen Plan ganz schnell, jetzt gleich, vor dem Wochenende, Robert Schuman überbringen dürfe, den er, wenn er sich beeilte, auf dem Ostbahnhof noch erreichen könnte. Jean Monnet hatte auch dagegen keine Einwände mehr, im Gegenteil, vielleicht wäre das ja die letzte Chance, dem Plan doch noch Eingang in die politische Arena zu verschaffen. Also machte sich Clappier Hals über Kopf auf den Weg …

Aber lief das wirklich so dramatisch ab? Hing es tatsächlich an ein paar Minuten auf dem Bahnsteig des Pariser Ostbahnhofs, ob der Plan für die erste Europäische Gemeinschaft rechtzeitig Eingang in die Politik finden würde? In der Tat – wie noch mehrmals in dieser Geschichte – gibt es unterschiedliche Versionen der Abläufe, und manchmal hilft auch sorgfältige Detektivarbeit nicht um zu bestätigen, welches die „richtige" Variante ist. Die Erzählung, die ich hier angeboten habe, folgt den Memoiren von Jean Monnet, und außer ihm gibt es nur einen weiteren ‚Mittäter' und Mitwisser in dieser konkreten Situation, Bernard Clappier. Dieser hat in einem Interview 1980 die Lage entspannter dargestellt. Zunächst bestätigt er, dass er am 28. April in einem Gespräch mit Jean Monnet in dessen Büro Kenntnis von seinem Plan erlangt habe und fährt dann fort: „Am selben Tag übergab ich das Papier von Jean Monnet an Robert Schuman, der gerade dabei war, Paris zu verlassen, um das Wochenende zu Hause in Scy-Chazelles in Lothringen zu verbringen. Der Minister nahm also das Dokument mit, um es in Ruhe studieren zu können." So weit so gut – aber dann fügt Clappier hinzu: „Als ich ihn *am 29. April* [!] zum Ostbahnhof brachte, hatte er das Papier rasch gelesen und sagte ungefähr Folgendes zu mir …"[3] Mit Sicherheit entscheiden lässt sich letzten Endes nicht, ob Jean Monnet oder Bernard Clappier die genauere Erinnerung haben, aber Monnets Memoiren wirken glaubwürdiger, sind detaillierter, und sorgfältiger ausgearbeitet als das bloße mündliche Interview, das Clappier dreißig Jahre nach den Ereignissen gab, und in dem sich andeutet, dass Clappiers Erinnerung an Schumans Absicht, Paris am Freitagnachmittag zu verlassen – einerseits – und seiner damit kaum zu vereinbarenden Gegenwart noch am nächsten Tag – andererseits – widersprüchlich ist.

Natürlich liegt die Frage nahe, ob nicht Robert Schuman selbst die Antwort parat und auch gegeben hat, welche Version den Ereignissen am nächsten kommt. Die Antwort ist auf eine Weise enttäuschend, für den historisch Interessierten, der sich um die möglichst getreue Rekonstruktion der Tatsachen bemüht – auf eine andere Weise dagegen überaus ehrenwert für Schuman selbst: Er war nämlich einfach zu bescheiden, um eine Autobiographie zu schreiben; sich selbst nahm er nicht wirklich wichtig, und er glaubte, seine eigene Person biete nichts, was „das Interesse des geneigten Lesers lohnen würde".[4] Und seine persönlichen Hinterlassenschaften sind nicht sorgfältig archiviert worden, sie sind verstreut und teilweise kaum auffindbar. Schuman hielt es für wichtiger, seine Überzeugungen darzulegen, als sein Leben zu erzählen: „Pour l'Europe", „Für Europa", heißt das schmale, aber überaus gehaltvolle Bändchen, in dem er seinen Einsatz für Frieden, Wohlstand und deutsch-französische Versöhnung begründet. Die bei weitem zuverlässigste Quelle für die Ereignisse dieser Tage sind und bleiben also die Memoiren Jean Monnets.[5]

Der Autor des Planes – Cognac und Business

Nehmen wir also an, es ist tatsächlich so spannend gewesen, wie Jean Monnet es schildert … Wie aber kam es, dass ausgerechnet er, der doch damit gar nicht beauftragt war, einen solchen Plan vorlegte? In Jean Monnet begegnet man einer höchst interessanten, ja merkwürdigen Gestalt, einem Mann, der eigentlich kein Politiker war und auch niemals sein wollte, und der doch so unglaublich großen Einfluss auf die Politik, und nicht nur die französische, genommen hatte und noch nehmen sollte. Jean Monnets Büro, in der Rue de Martignac gelegen, in einem Dreieck von kaum 200 m Seitenlänge zwischen dem Sitz des französischen Premierministers, dem Palais Bourbon, und dem Sitz des Außenministeriums am Quai d'Orsay, war die Leitstelle einer einzigartigen Einrichtung: des ‚Commissariat au Plan', der Planungsbehörde für die französische Wirtschaft. Eine Planungsbehörde – für die doch marktwirtschaftlich, und nicht kommunistisch, organisierte französische Wirtschaft? In der Tat, es ging dort um Wirtschaftsplanung, allerdings enthielten die Fünfjahrespläne, die diese Behörde entwickelte, nur Empfehlungen an Politik und Wirtschaft, keine bindenden Befehle, die von den Unternehmen bloß auszuführen wären, wie in den sowjetisch dominierten Ländern. Aber immerhin, diese Fünfjahrespläne dienten zur staatlichen Investitionslenkung, der französische Staat machte es sich zur Aufgabe, der Wirtschaft des Landes eine Richtung zu weisen, ganz auf der Linie des französischen (und bis heute wirksamen) Staatsverständnisses, als Verkörperung der ‚Volonté générale', des nationalen Interesses als solchem.

Abb. 1: Jean Monnet, 28.08.1952

Jean Monnet hatte sich durch seine früheren Dienste für diese Aufgabe qualifiziert. Ein kurzer Blick auf seine Biographie ist kein anekdotischer Ausflug, sondern trägt viel zum Verständnis des Projekts bei, das dann ein Gründungsdokument der europäischen Integration wurde. Geboren wurde Monnet 1888 in Cognac, und tatsächlich als Sohn einer Familie, die seit Generationen und heute noch Cognac herstellt[6] – ein Kulturgut und Kunsthandwerk im Südwesten Frankreichs. Ein Großteil der Produktion aus dieser Gegend, Bordeaux-Weine eingeschlossen, wird traditionell in die angelsächsischen Länder verkauft. Jean Monnet wurde deshalb schon vor dem Ersten Weltkrieg auch in die USA und nach Kanada geschickt, um dort mit Geschäftspartnern über den Verkauf des Cognacs seiner Familie zu verhandeln. Er lernte dabei nicht nur Englisch (eine seltene Fähigkeit, im damaligen Frankreich!), sondern auch die Geschäftspraktiken, die ‚deals', die Denkweise der Amerikaner kennen, zum Teil auf halb abenteuerlichen Ritten durch die noch dünn besiedelten Gegenden weitab von der Atlantikküste. Vertrauen ist ein hoher Wert für ihn, als Händler und Geschäftsmann, aber auch als Reisender, der weiß, er kann sein Pferd an den Zaun einer Farm binden und nach etlichen Tagen unversehrt am gleichen Ort wieder abholen.

Im Ersten Weltkrieg wird Monnet nicht Soldat, aber er dient seinem Land auf eine andere, eigenwilligere Weise. Der junge Mann bietet mit Erfolg an, die Versorgung der ja Seite an Seite kämpfenden Armeen Frankreichs und Großbritanniens zu koordinieren – eine Aufgabe, die ihm tatsächlich übertragen wird, ihn aber auch zeitweilig fast verzweifeln lässt, weil die Politiker und Generäle beider Länder die Bedürfnisse ihrer jeweiligen Streitkräfte im Namen nationaler Souveränität mit einer Geheimniskrämerei behandeln, die eine integrierte Versorgung sabotiert. Für Jean Monnet dagegen steht allein die pragmatische, die bestmögliche Lösung der gemeinsamen Aufgabe im Vordergrund, nicht aber Nationalstolz und Misstrauen, Souveränitätserwägungen und der Ruhm der Beteiligten. Seine Erfahrung aus diesen Jahren ist für ihn maßgeblich geworden, auch für seine spätere Rolle bei der Gründung der Europäischen Gemeinschaften: Beweggründe der Politiker, die auf die Souveränität der von ihnen vertretenen Staaten zielen, auf nationalen Ruhm und persönliche oder parteipolitische Anerkennung – solche Beweggründe sind eher hinderlich für die Lösung wirklicher, sachlicher Probleme: Letztere könnten besser von Experten, von Fachleuten gelöst werden, die pragmatisch, d. h. einfach zielgerichtet denken und handeln, sich von sachbezogenen Analysen und nicht von der Ideologie des souveränen Nationalstaats leiten lassen.

Nach dem Ersten Weltkrieg diente Jean Monnet dem Völkerbund als Stellvertretender Generalsekretär, wurde aber auch hier enttäuscht von den Querelen unter den Staaten und ihrem politischen Selbstverständnis, wiederum stand die heilige Kuh ‚Souveränität' gemeinsamen Entscheidungen im Weg. Seine Lehre aus dieser Erfahrung war: Wenn Einstimmigkeit unter souveränen Staaten die Bedingung dafür ist, dass gemeinsame Entscheidungen getroffen werden, dann gibt es einfach keine solchen gemeinsamen Entscheidungen. Monnet kehrte zurück in die Wirtschaft, gründete eine Bank in China, nahm seine Verbindungen in die USA wieder auf – und näherte sich im Zweiten Weltkrieg doch der Politik wieder an: Jetzt ging es ums Ganze. Als Beauftragter der britischen (!) Regierung trug er, zwischen 1940 und 1943, dazu bei, die amerikanische von den Dimensionen der Kriegsanstrengungen zu überzeugen, die für den Sieg notwendig sein würden. Dann fand er den Weg zur Exilregierung von General de Gaulle, arbeitete in dessen provisorischer Regierung in Algier mit und entwickelte schon hier Pläne für ein transnationales, föderales Europa mit einer gemeinsamen Wirtschaft. 1943 legte er in einem Memorandum seine höchst moderne, bis heute aktuelle Auffassung dar: „Es wird keinen Frieden in Europa geben, wenn der Wiederaufbau der Staaten erneut auf der nationalen Souveränität beruht, die zwangsläufig mit einer auf Ansehen ausgerichteten Politik und wirtschaftlichem Protektionismus einhergeht. […] Die Staaten Europas sind zu klein, um ihren Völkern den Wohlstand bieten zu können, den die modernen Bedingungen möglich und daher notwendig machen. Sie benötigen größere Märkte. […] Ihr Wohlstand und die notwendigen sozialen Entwicklungen sind unmöglich, es sei denn, die Staaten Europas bilden eine Föderation oder eine ‚europäische Instanz', die eine gemeinsame wirtschaftliche Einheit formen würde."[7] Jean Monnet schaute von Anfang an über den Tellerrand, er hatte einen Sinn für die globalen Zusammenhänge. Dass er nach dem Krieg zu den führenden Persönlichkeiten – wenn auch nicht Politikern – des neuen Frankreichs gehören würde, lag auf der Hand. Und dass er nichtsdestoweniger, aus seinem besonderen Blickwinkel, auch die politische Lage im Blick haben würde, versteht sich auch von selbst.

Die Lage fünf Jahre nach Kriegsende – wo bleibt Europa?

Und die Lage war bedrohlich geworden – oder geblieben, seit Kriegsende. Die beiden Mächte, die als ‚Super'-Mächte aus dem Krieg hervorgegangen waren, standen nun nicht mehr Seite an Seite gegen einen gemeinsamen Feind, sie standen sich vielmehr gegenüber und erwiesen sich immer mehr als unversöhnlich, als gegensätzlich, als Feinde untereinander. Die NATO war der letzte Schritt auf dem Weg zur Bildung der ‚Blöcke', die für fast ein halbes Jahrhundert die Weltpolitik prägen sollten, die ‚bipolare' Welt, mit dem einen Pol in Moskau, dem anderen in Washington.

Und Europa? Der östliche Teil, beginnend in der Mitte des Kontinents, mitten in Deutschland, mitten in Berlin, war unwiederbringlich, wie es schien, an den sowjetischen Machtbereich ausgeliefert. Und was das hieß, daran hatte Stalin, der russische Machthaber, schon während des Krieges keinen Zweifel gelassen. Im April 1945 hatte er im Gespräch mit Milovan Djilas, dem jugoslawischen Widerstandskämpfer, gesagt: „Dies ist kein Krieg wie in der Vergangenheit. Wer auch immer ein Territorium besetzen kann, wird sein Gesellschaftssystem dort einführen. Jeder führt sein System ein, soweit seine Armee vordringt. Es kann gar nicht anders sein. Wenn es jetzt keine kommunistische Regierung in Paris gibt, dann nur deshalb, weil Russlands Armee Paris im Jahr 1945 nicht erreichen kann."[8] Aber auch der Westen hatte seine Rolle zu spielen, daran ließen die USA ebenfalls keinen Zweifel, allerdings war ihr liberaler Einfluss nicht mit der brutalen Hegemonie der Sowjetunion zu vergleichen – der Marshall-Plan ist das beste Beispiel dafür. Er sollte den westeuropäischen Volkswirtschaften wieder auf die Beine helfen, mit den Mitteln von Markt und Wettbewerb natürlich, aber auch mit Hilfe von Kooperation, besser noch Föderation, unter den Empfängerländern, über die Grenzen hinweg. Dafür waren die Amerikaner bereit, große Summen – bis zu 3 % ihres Bruttosozialprodukts – zu investieren.

In Europa waren Stimmen laut geworden, die die Unabhängigkeit des Kontinents wahren und zugleich die alten Konflikte zwischen den europäischen Nationalstaaten überwinden wollten. Insbesondere frühere Widerstandskämpfer aus nahezu allen europäischen Ländern hatten sich zusammengefunden und waren nun bereit, sich für Europa, für eine europäische Union, eine europäische Föderation, einen europäischen Bundesstaat einzusetzen. Der sollte genau das leisten: Im Innern des Kontinents die Konflikte zwischen den Nationen friedlich lösen und nach außen die Selbstständigkeit Europas gewährleisten.[9]

Diese ‚Euro-Föderalisten' hatten unverhofft einen hoch angesehenen Fürsprecher gefunden, ja den Mann, der wohl nach dem Zweiten Weltkrieg das höchste Prestige überhaupt genoss, in Europa: Winston Churchill. Schon im September 1946 hatte er sich bei einer „Rede an die akademische Jugend" in Zürich für die „Vereinigten Staaten von Europa" ausgesprochen und betont, damit müsse man „jetzt" beginnen. Allerdings, und darin lag der Haken, sollten diese Vereinigten Staaten nur die des Kontinents sein – Großbritannien dagegen sollte zu den „Freunden und Unterstützern" gehören, auf der gleichen Ebene wie die USA und – dieser Hoffnung gab Churchill Ausdruck – auch die Sowjetunion. Mit diesem Projekt als Ziel war eine große zivilgesellschaftliche Bewegung entstanden, die „Europäische Bewegung", die, unter Hintanstellung aller divergierenden Meinungen, ‚Europa' auf den Weg bringen wollte.

Bei ihrem ersten großen Kongress, in Den Haag, vom 8. bis zum 10. Mai 1948, sollte das Projekt sozusagen aus dem zivilgesellschaftlichen in den politischen Raum transportiert, den Politikern zur Realisierung übergeben werden. Churchill warf sein ganzes Gewicht in die Waagschale, aber die Meinungsverschiedenheiten erwiesen sich als unüberbrückbar und schwächten die Botschaft entscheidend: Sollte man wirklich unter den zerstörten und machtlosen Kontinentalstaaten den Schritt zur Union gehen und die einzige verbliebene Macht von Weltgeltung, das Vereinigte Königreich, außen vor lassen? Sollte man Souveränität wirklich auf die europäische Ebene verlagern, d. h. eine Föderation schaffen, oder sollten die Nationalstaaten souverän bleiben und ‚nur' eine enge Union bilden? Und sollte man gerade jetzt den entscheidenden Schritt tun, wo doch die Mitteleuropäer von der Sowjetunion daran gehindert werden würden, mitzutun – sollte man nicht zuvor die Sowjets davon überzeugen, dass eine solche gesamteuropäische Union ihren Sicherheitsinteressen nicht zuwiderlief sondern vielmehr diente?

Das Ergebnis des Kongresses war mager, schien aber zunächst doch Raum für Hoffnungen zu lassen: Fast genau ein Jahr nach dem Treffen in Den Haag wurde am 5. Mai 1949 in Straßburg der Europarat gegründet – so etwas hatte Churchill schon in seiner Rede in Zürich als Zwischenschritt auf dem Weg zu den „Vereinigten Staaten von Europa" erwähnt. Und dieses Gründungsdatum war jahrzehntelang der ‚Europatag' in Deutschland, wenn auch nicht in Frankreich und anderen EU-Mitgliedstaaten. Aber war das wirklich der erste Schritt auf dem Weg zur europäischen Föderation? Zwar ruhten für einige Zeit die Hoffnungen auf dem Potential des Europarates, als Motor der europäischen Einigung zu fungieren, aber es stellte sich doch nach und nach heraus, dass er dazu nicht in der Lage sein würde: Auf den Europarat wurde keine staatliche Souveränität übertragen, seine Entscheidungen waren für die Mitgliedstaaten nicht bindend, seine Macht blieb hypothetisch.

Darüber waren sich vor allem die Delegierten der nationalen Parlamente im Klaren, die die Parlamentarische Versammlung des Europarates bildeten. In den bewegten Debatten ihrer ersten Sitzungsperiode, im Winter 1949/1950, diskutierten sie mit großem Engagement alle denkbaren Optionen für die

Weiterentwicklung der europäischen Einigung – und kamen selbst zu dem Schluss, dass Europa eigentlich gerade das Gegenteil von dem brauchte, was der Europarat war. Während nämlich die Kompetenzen der neuen Internationalen Organisation sehr weit bemessen waren und nahezu alle Politikfelder umfassten, mit Ausnahme von Sicherheit und Verteidigung (die blieben den Allianzen, der NATO, vorbehalten), hatte sie so gut wie keine Macht, auch nur in einem dieser Felder eine Entscheidung zu treffen oder gar durchzusetzen. Die Abgeordneten entwickelten eine Formel, die den genauen Gegenentwurf zu dieser Konstellation darstellte: Was man brauchte, war eine wirkliche politische Autorität, ausgestattet mit der Macht, verbindliche Entscheidungen zu treffen; allerdings (jedenfalls zunächst) nur auf wenigen, begrenzten, genau definierten Gebieten – nur dann wäre eine solche überstaatliche Macht auch für die Nationalstaaten, die eifersüchtig ihre Souveränität bewahren wollten, akzeptabel[10]. Jean Monnets Plan entsprach genau diesem Anforderungsprofil, er war die perfekte Konkretisierung jener abstrakten Formel.

Kohle kennt keine Grenzen – Jean Monnets Ideen

Die Aufgabe im Plankommissariat war Jean Monnet auf den Leib geschnitten. Hier konnte er sein Fachwissen als Unternehmer, seine neutrale Expertise, seine Fähigkeiten zu Analyse und Organisation voll zur Geltung bringen. Im Frühjahr 1950 war natürlich auch ihm klar, dass die Deutschland-Frage für Frankreich zum drängendsten Problem geworden war. Aber ihm war noch mehr klar: dass nämlich die französische Industrie, und zumal die Schwerindustrie im Norden Frankreichs, nicht in der Lage sein würde, in einer internationalen Konkurrenz mit den deutschen Konzernen aus dem Ruhrgebiet zu bestehen. Zu veraltet waren die Strukturen, zu innovationsfeindlich die Unternehmerschaft, zu begrenzt die verfügbaren Ressourcen, vor allem eben an Kohle und Stahl. Jean Monnet war, weil weitgehend frei von Souveränitätsrücksichten, in der Lage, einen unbefangenen Blick auf eine Europakarte zu werfen, auf der die Kohlevorkommen eingetragen waren und auf der die Grenzen zwischen den souveränen Staaten nur die zweite Rolle spielten. Eine solche Karte zeigt, bedauerlicherweise für die Staaten, dass die Kohle im Boden unter den staatlichen Territorien keinerlei Rücksicht auf deren Grenzen nimmt – sie kommt im nördlichen Frankreich, im südlichen Belgien, in Luxemburg, dem Saarland und eben in großen Mengen im Ruhrgebiet vor[11]. Man brauchte doch eigentlich ‚nur', so dachte Jean Monnet, diese Kohlevorkommen mitsamt der auf die Kohle angewiesenen Stahlindustrie unter eine gemeinschaftliche Verwaltung stellen. Damit würde man mehrere Fliegen mit einer Klappe schlagen:

Zum einen würde man einen großen Pool, einen großen Markt, ein großes Reservoir an Ressourcen schaffen, in dem sich alle beteiligten Unternehmen in einem noch zu regulierenden, fairen Wettbewerb bedienen könnten, ganz gleich, in welchem Staat sie ihren Sitz hatten. Ein solcher Markt würde den französischen Unternehmen einerseits die Chance bieten, ihren Energiebedarf aus dem gesamten Kohlebecken im westlichen Mitteleuropa zu decken, statt bloß mit den begrenzten

Ressourcen auf oder unter dem französischen Territorium auskommen zu müssen. Andererseits würden die französischen Unternehmer einem mobilisierenden Wettbewerb ausgesetzt, der sie endlich aus ihrer Lethargie aufwecken und zu Innovation und Modernisierung zwingen würde.

Zugleich aber würde den Staaten – und vor allem dem neuen westdeutschen – die Autorität über diese so lebenswichtigen Ressourcen entzogen und auf eine überstaatliche, ‚supra-nationale' Ebene gehoben, auf eine europäische. Den Zugriff auf Kohle und Stahl der Autorität der Staaten zu entziehen, würde bedeuten, ihnen diese entscheidenden Sektoren der Industriewirtschaft auch als Machtmittel zu entwenden. Konflikte zwischen Staaten würden definitionsgemäß nicht mehr entstehen können, wenn Kohle und Stahl gar keine staatsgebundenen Industrien mehr wären. Und insbesondere könnte kein Staat diese Ressourcen für eine eigene Rüstungsindustrie, für die Vorbereitung eines neuen Krieges verwenden. Die ‚Vergemeinschaftung' von Kohle und Stahl, die Organisation des Marktes für diese Ressourcen durch eine supranationale Autorität wäre ein entscheidender Schritt zur Friedenssicherung, vor allem natürlich zwischen Frankreich und Deutschland. Statt der Konflikte zwischen den beiden ‚Erbfeinden' würde eine regulierte Konkurrenz zwischen Unternehmen aller beteiligten Länder entstehen, basierend auf gemeinsamer Rechtsetzung – in einem solchen Ensemble wären die Wurzeln für kriegstreibende Konflikte ausgerottet und eine Kriegsvorbereitung materiell unmöglich gemacht.

Und nicht zuletzt wäre eine solche supranationale Organisation, auch wenn sie den Transfer von Entscheidungsbefugnissen von den Staaten auf diese übergeordnete Ebene verlangte, doch gerade noch verdaulich für die Souveränitätsideologie der Mitgliedsländer. Schließlich würde es sich nicht um Kernbereiche staatlicher Souveränität – wie Außen – und Sicherheitspolitik – handeln, sondern ‚nur' um zwei Sektoren der Wirtschaft. Der Schritt wäre keine Revolution – wie es die ‚Vereinigten Staaten von Europa' gewesen wären, die beteiligten Staaten würden sich weiter für souverän halten können.

Europa wird auf der Alpe d'Huez empfangen

Diese Gedankengänge hatte Jean Monnet in den drei, vier Wochen vor dem 28. April 1950 durchgespielt und reifen lassen, auf seine Weise, nach seiner sehr persönlichen Methode. Üblicherweise stand er morgens ziemlich früh auf, setzte sich aber erst gegen 10 Uhr an seinen Schreibtisch – jeden Morgen nämlich unternahm er erst einmal einen weiten Spaziergang, eine kleine Wanderung in der Natur, außerhalb der Stadt, überließ sich dem Fluss seiner Gedanken, ja verlor sich im Lauschen auf die Laute, im Anschauen der Bilder von Wald und Feld, sammelte sich wieder, konzentrierte sich auf das, was vor ihm lag, unterschied das Wesentliche vom Unwesentlichen, fand Lösungen … Im Frühling 1950 war ihm sogar das nicht mehr genug, die Probleme wuchsen ihm über den Kopf, er machte sich los und fuhr für zwei Wochen zum Wandern in die Alpen, nach Savoyen, an die Alpe d'Huez, die den Freunden der Tour de France als eine der dramatischsten Alpenetappen bekannt ist. „Ich weiß nicht mehr, wie viele Kilometer wir in den beiden Wochen gewandert sind, von Hütte zu Hütte, aber ich habe noch die Notizen vor Augen, die ich abends bei der Rast zu Papier brachte."[12] Hier nahm sein Plan Gestalt an – die erste Europäische Gemeinschaft wurde an der Alpe d'Huez konzipiert.

Zurück in Paris, wurde ihm klar, dass er für die Konkretisierung seiner Ideen die Hilfe von Experten brauchte – von Juristen für die institutionelle Konstruktion, von Ökonomen für die wirtschaftlichen Aspekte. Am 14. April, auch einem Freitag, zwei Wochen vor dem entscheidenden Treffen mit Clappier, begegnete ihm Paul Reuter, Professor für Rechtswissenschaften an der renommierten Universität von Aix-en-Provence, der in Paris das französische Außenministerium in Rechtsangelegenheiten beriet. Ihm, dem Lothringer, der – wie Schuman – doch besonderes Verständnis für die deutsch-französischen Beziehungen haben musste, schilderte Monnet in kurzen Worten, worüber er sich Gedanken gemacht hatte. Reuter war so begeistert, dass Monnet ihn bat, am nächsten Tag gleich wieder zu kommen und das ganze Projekt ausführlich durchzudeklinieren. Am Sonnabend, dem 15. April, verbrachten Monnet und Reuter den größten Teil des Tages damit und luden für den Sonntag, den 16. April, einen weiteren Vertrauten und Mitarbeiter Jean Monnets im Plankommissariat – und seinen Nachfolger in dieser Funktion – dazu ein, Etienne Hirsch. Dies war der Tag, der mit einem ersten Textentwurf endete, der ersten Version dessen, was drei Wochen später der „Schuman-Plan" werden würde. Diese erste Fassung trägt allerdings das Datum des 17. Mai – verständlicherweise, denn die kleine Arbeitsgruppe hatte sich in Houjarray, bei Montfort-l'Amoury, rund 50 km südwestlich von Paris, in Jean Monnets Privathaus[13] (von 1945 bis zu seinem Tod im Jahr 1979), zusammengefunden, und dort gab es keine Sekretärin – Madame Suzanne Miguez, Monnets langjährige Sekretärin, konnte den Text erst am folgenden Montag, dem 17. April, tippen[14]. An diesem Tag wird auch Pierre Uri[15] hinzugezogen – ein Neuzugang in Monnets Plankommissariat. In der kleinen équipe gibt es nun eine Art Arbeitsteilung: Uri beschäftigt sich mit den ökonomischen und wirtschaftspolitischen Aspekten, Reuter mit den institutionellen.

„In den folgenden Tagen gab es verschiedene andere Varianten, deren Interpretation den Fortgang unserer Überlegungen zeigen würden", schreibt Monnet[16], und in der Tat folgen zwei weitere, nicht datierte Versionen, sicher aufgrund der Beteiligung von Uri seit jenem Montag, dem 17. April. Von der zweiten Version an ist der Text in Abschnitte (fünf, mit lateinischen Ziffern überschrieben) strukturiert – wahrscheinlich das Werk des neu Hinzugezogenen, Pierre Uri: Er „trug seinerseits Wesentliches bei. Der Text wurde besser gegliedert, das institutionelle System wurde mit größerer Klarheit formuliert: Die Internationale Behörde („Autorité internationale") wurde zur Gemeinsamen Hohen Behörde („Haute Autorité commune")"[17]. Diese beiden Fortschritte – Strukturierung und Begriffe für die Institutionen – lassen sich den zwei Mitdenkern zuordnen: die Gliederung (schon ab der zweiten Version) auf Uri, die Bezeichnung der Institutionen (ab der dritten) auf Reuter. „Jedenfalls war Reuter der Urheber der Hohen Behörde, dem Wort und der Sache nach."[18] Diese „Hohe Behörde" – so hieß die Institution dann später im deutschen Vertragstext – ist nichts anderes als die Ursprungsform der heutigen Europäischen Kommission; letztere Bezeichnung erhielt sie dann in den weitergehenden

‚Römischen Verträgen' 1957, aber ihre Ursprünge, ihr Geburtsdatum lassen sich auf Montag, den 17. April 1950 festlegen, Paul Reuter war der Geburtshelfer, und die Geburtsurkunde ist die dritte Version des (jetzt noch so genannten) Monnet-Plans, der drei Wochen später zum Schuman-Plan wurde.

Monnet konnte seine Mitarbeiter zur Verzweiflung bringen mit seiner Manie, die Formulierung eines Textes immer wieder zu überarbeiten – so auch diesmal, bevor die neunte Fassung endlich auch als endgültig gelten sollte. „Neun Fassungen folgten einander zwischen Sonntag, dem 16. April, und Sonnabend, dem 6. Mai. Ich könnte nicht sagen, ob das viel oder wenig ist – in so einem Fall folge ich keiner anderen Regel als so viel daran zu arbeiten wie erforderlich, hundert Mal mit Hingabe, wenn hundert Mal nötig sind, damit ich mit dem Ergebnis zufrieden bin, oder neun Mal, wie unter diesen Umständen, meistens fünfzehn Mal, würden meine ehemaligen Mitarbeiter sagen, die sich gern mit weniger zufrieden gegeben hätten. Der Beweis, sagen sie: Am Ende kommen wir für gewöhnlich auf die erste Fassung zurück, die sich als die beste erwiesen hat. [Das allerdings war in diesem Fall nicht so!] Aber was bedeutet eine solche Bilanz der Anstrengungen? Wie soll man wissen, dass die erste Fassung die beste ist, wenn nicht durch den Vergleich mit weiteren, anderen, die man für noch besser halten könnte? Als wenn alles in Ordnung wäre, wenn man nur der Intuition und dem Zufall vertraute, dass sie die genaue Formulierung eines Gedankengangs garantierten, der doch seine eigene Klarheit noch sucht! Zumindest müssen Intuition und Zufall auf die Probe gestellt werden – und diese Probe ist die erneute Lektüre nach einem gesunden Nachtschlaf, oder aber ein kritischer neuer Blick [eines neuen Lesers].“[19]

Es dauerte bis zur Mitte der nächsten Woche, bevor an der Formulierung des Plans weitergearbeitet wurde, dann aber gab es erneut eine intensive Arbeitsphase: Am Mittwoch, Donnerstag und Freitag, dem 26., 27. und 28. April wird die Fassung, die in der Woche zuvor galt, revidiert. Dann entschließt sich Monnet, die jetzt erarbeitete 7. Fassung an den Premierminister, Georges Bidault, zu schicken; auf dieser, der 7. Fassung, ist handschriftlich vermerkt: „Edition envoyée à Bidault 28 Avril, Schuman, 2 Mai, R. Mayer, 4 Mai“.

So geschah es: Am Freitagnachmittag lässt Monnet diese Fassung an Bidaults Kabinettschef, Pierre-Louis Falaize, überbringen, mitsamt einem erläuternden Schreiben, in dem er um einen persönlichen Gesprächstermin für den folgenden Tag bittet. Aber daraus wird nichts: Falaize und Bidault „hatten sich nicht die Zeit genommen, meinen Brief zu lesen“, stellt Monnet in seinen Memoiren fest[20]. Wenige Augenblicke nachdem Monnet das Dossier an das Büro des Premierministers abgesendet hatte, erschien Bernard Clappier in seinem Büro, und damit nahm die ganze Initiative eine grundlegende Wende.

Bis zu diesem Zeitpunkt waren außer Jean Monnet selbst Paul Reuter, Etienne Hirsch, Pierre Uri und Bernard Clappier (in dieser Reihenfolge … und, meist vergessen, Monnets diskrete, aber allwissende Sekretärin, Madame Miguez) eingeweiht, d. h. fünf Personen. Anscheinend gab es allerdings sogar noch mindestens zwei weitere Eingeweihte, die außerhalb des Kreises der aktiven Mitgestalter standen und vielleicht deshalb kaum je erwähnt werden: Etienne Hirsch, hochrangiger Mitarbeiter Jean

Monnets im Plankommissariat, wie erwähnt, und sein Nachfolger als Präsident dieser Einrichtung, war, nach seiner eigenen Einschätzung, „der einzige in der Gruppe der Verschworenen, der Erfahrungen in der Industrie hatte [...] Ich bat Jean Monnet darum, unter meiner Verantwortung einen Verantwortlichen aus der Kohle- und einen aus der Stahlindustrie zu konsultieren", bevor der Plan in den politischen und öffentlichen Raum transportiert wurde. „Monnet war einverstanden. Ich traf mich also mit dem Präsidenten des Kohlebergbau-Verbandes, der Mitglied in unseren Beratenden Ausschüssen war, den ich sehr gut kannte und zu dem ich großes Vertrauen hatte. Ich zeigte ihm das Projekt und fragte ihn, welche Auswirkungen auf den Kohlebergbau er erwartete [...] Er sagte mir: ‚Auf jeden Fall haben wir Bergwerke, die nicht konkurrenzfähig sind, im Süden vor allem, aber auf jeden Fall muss etwas geschehen. Sie können das machen.' Was den Stahl anging, war die Frage schwieriger. Ich besprach mich mit einem Mitglied unseres Ausschusses für Stahl, in dessen Diskretion ich unbedingtes Vertrauen hatte. [...] Er hieß Aron [...] und seine Antwort war: ‚Entweder das oder der Tod' [soll heißen: Wenn Sie diesen Plan nicht umsetzten, ist die französische Stahlindustrie am Ende]. Ich war erleichtert."[21]

Der Plan jedenfalls hatte Gestalt in diesen Tagen angenommen, war inzwischen mit Substanz und Expertise gefüllt; aber er blieb ein Plan, nur wenigen Vertrauten Jean Monnets bekannt und ohne konkrete Aussicht, politisch wirksam zu werden – Clappier hatte sich seit jenem noch eher unverbindlichen Gespräch zwei Wochen zuvor nicht wieder gemeldet, Schuman schien also nicht interessiert zu sein: Ein Missverständnis, wie sich an jenem 28. April herausstellte, als Clappier wieder bei Monnet vorbeischaute[22]. Umständehalber, nicht aus Desinteresse, war Clappier bei Schuman nicht weitergekommen, der Minister wollte eine schriftliche Ausarbeitung vor Augen haben, nicht nur mittelbare mündliche Andeutungen, und dies und jenes war dazwischengekommen – und nun wurde alles sehr eilig …

II.
Robert Schuman – Der Plan wird politisch (1. bis 8. Mai)

Einsame Entscheidung am Wochenende

Am Montag, dem 1. Mai, stieg Robert Schuman, zurück aus Scy-Chazelles, am Pariser Ostbahnhof aus dem Zug, genau dort, wo Bernard Clappier ihm drei Tage zuvor in aller Eile den Monnet-Plan übergeben hatte. Seine ersten Worte waren: „Je marche!" – „Ich mache mit!" … die Entscheidung war gefallen, der Plan wurde vom Monnet – zum Schuman-Plan.

Aber was hat Robert Schuman wirklich bewogen, eine 180°-Wende in der französischen Deutschlandpolitik zu vollziehen? Der Druck, die Notlage, am 10. Mai in London den anderen beiden Westalliierten eine Lösung des Deutschland-Problems vorzuschlagen, die Plausibilität des Plans, die guten Argumente Jean Monnets – sicher, aber ist das Erklärung genug für eine solch dramatische Absage an alle bisherige Deutschlandpolitik und ihre abrupte Neuausrichtung? Für eine teilweise Aufgabe französischer Souveränität zugunsten einer Partnerschaft mit dem Nachbarland, das eben noch der Todfeind gewesen war, jetzt auf der Basis der Gleichberechtigung? Für die revolutionäre Idee, eine gemeinsame, legitime politische Autorität über den Nationalstaaten, eine ‚supra-nationale' Gemeinschaft zu schaffen?

Und es war tatsächlich ein Mann, eine Persönlichkeit, die diese Wende vollzog, die die Entscheidung traf, die sie durchsetzte: Robert Schuman. Um den Plan zu verwirklichen, musste Schuman ihn vor dem skeptischen Premierminister und den meisten seiner Ministerkollegen kleinreden, er musste ihn vor den Diplomaten seines eigenen, des französischen Außenministeriums geheim halten, ihn vor Parlament und Partei, vor der Öffentlichkeit und den Medien verbergen – die allermeisten Politiker und politischen Kräfte in Frankreich hätten diesen Plan nicht verwirklicht, weil er einen Verlust französischer Souveränität bedeutete, weil er zu viel Gemeinsamkeit mit dem bisherigen Erbfeind verlangte.

Es können nicht allein die Situation und die Plausibilität der Antwort Monnets gewesen sein, die Schuman zu seiner Entscheidung gebracht haben – andere hätten in dieser Situation anders entschieden. Wer war dann dieser Mann? Was war anders an ihm, in ihm? Welche Überzeugungen waren in ihm wirksam – an diesem Wochenende vom 29. und 30. April 1950, als er allein in seinem Haus in Scy-Chazelles bei Metz Jean Monnets Plan auf seinem privaten Schreibtisch liegen hatte?

Robert Schuman, Lothringer, Christ, Europäer

Robert Schuman war bei seiner Geburt in Luxemburg 1886 deutscher Staatsbürger – weil sein Vater Lothringer war und Elsass-Lothringen seit 1871 zum Deutschen Reich gehörte. Sein Vater war Landwirt in einem Dorf unmittelbar an der Grenze zwischen Lothringen und Luxemburg gewesen, seine Mutter Luxemburgerin aus einer französischsprachigen Kleinstadt zwölf Kilometer entfernt. Allerdings hatte der Vater 1870/71 auf franzö-

Abb. 2: Robert Schuman, 1949

sischer Seite gegen die Deutschen gekämpft, seine Sympathien galten Frankreich, auch wenn er sich nun als ‚Lothringer' identifizieren musste – ‚Franzose' durfte er nicht, ‚Deutscher' wollte er nicht sein. Robert wuchs zwei- oder gar dreisprachig auf, wenn man das Luxemburgische, eine Variante des Moselfränkischen, als eigene Sprache betrachtet. Die Schule ist jedenfalls offiziell zweisprachig (deutsch-französisch), wenn auch die Umgangssprache unter den Schülern meist das Luxemburgische war. Die Familie zieht nach Luxemburg, dort erlebt Robert erstmals das Gefühl des Patriotismus, der emotionalen Zugehörigkeit – und zwar zu Luxemburg! –, als nämlich der neue Großherzog Adolf bei seinem Einzug in die Stadt bejubelt wird und der 14-Jährige unter den Jubelnden ist.

Der Vater stirbt früh, Robert bindet sich, als einziges Kind, eng an die Mutter, vor allem durch einen früh erwachten und geförderten, intensiven, lebenslangen katholisch-christlichen Glauben. Für die letzte Klasse vor dem (deutschen) Abitur geht er aus eigenem Entschluss nach Metz – offenbar auf der Suche nach einer lothringischen Heimat und Identität. In den Jahren

1904 bis 1908 studiert er Jura in Bonn, München, Berlin und Straßburg, immer aber auch mit weiter gespannten Interessen, vor allem an deutscher Literatur und Philosophie, an Goethe und Kant, Hegel und Nietzsche. Schuman wird Mitglied in einer katholischen (‚nicht-schlagenden') studentischen Verbindung, in der ebenfalls dem katholischen Ethos verpflichteten, wissenschaftsorientierten Görres-Gesellschaft. Nach dem Referendariat lässt er sich 1912 als junger Rechtsanwalt in Metz nieder, zwei Jahre vor dem Beginn des Ersten Weltkriegs, aus dem Elsass und Lothringen wieder als französische Provinzen hervorgehen werden. In seiner neuen Funktion beschränkt er sich nicht auf die engen beruflichen Aufgaben, sondern engagiert sich auf vielfältige Weise zivilgesellschaftlich, wie man heute sagen würde – für Bildung und im Sinne der katholischen Soziallehre, wie sie wenige Jahre nach seiner Geburt in der Enzyklika „Rerum Novarum" 1891 erstmals Gestalt angenommen hatte. Der Papst, Leo XIII., hatte darin die ‚Soziale Frage' thematisiert, das Engagement für die Arbeiterschaft zur Aufgabe der Kirche erklärt, zur Gründung christlicher, katholischer Gewerkschaften aufgerufen, Partei ergriffen für die Ausgebeuteten des Manchester-Kapitalismus. Diese Anliegen machte Robert Schuman in Metz zu den seinen, und sie blieben es für sein Leben. Politische Ambitionen hatte er zu keinem Zeitpunkt, und dank einer Freistellung aus gesundheitlichen Gründen (schon seit 1908) blieb es ihm erspart, jemals die Uniform eines der verfeindeten und kämpfenden Nachbarstaaten zu tragen.

Vor dem Ersten Weltkrieg war seine Persönlichkeit zu deutlichem Profil gereift: Seine Identität war vielgestaltig und multifunktional – es gab eine lokale Grundlage im Raum an der lothringisch-luxemburgischen Grenze, in dem er seine Kindheit verbracht hatte; es gab eine regionale – vielleicht die stärkste – in Lothringen; wie stark die nationale Identität ausgeprägt war, ist kaum zu ermessen, aber als ‚deutsch' empfand er sich wohl weniger, ‚Franzose' zu sein war sozusagen seine väterliche Erbschaft. Diese französische nationale Identität war allerdings dreifach konditioniert: Zum einen gehörte die zentralistische, jakobinische politische und gesellschaftliche Kultur sicher nicht dazu; eine „nation une et indivisible", eine „einzige und unteilbare" Nation, die alle anderen Identitäten negierte, war zweifellos für Schuman unvereinbar mit seinem lothringischen Selbstverständnis. Und, zweitens, verband er, anders als die meisten Franzosen seiner Zeit, seine französische Identität mit dem vollen Verständnis, ja der Sympathie und Achtung vor der deutschen Kultur und vor Deutschland, mit dessen kultureller, politischer, wirtschaftlicher, sozialer Dynamik, mit seinem fortschrittlichen Sozialversicherungssystem, mit der wichtigen Rolle der Kirchen und Konfessionen im öffentlichen und auch im politischen Leben. Das ist die dritte Reserve gegenüber Frankreich, die Schuman machen musste und die sein späteres politisches Engagement vor allem in der Zwischenkriegszeit prägte: Der französische Laizismus, die Doktrin, dass der Staat über allem, auch über der Religion, stehe, ja dass dem Staat mehr Loyalität und Autorität geschuldet sei als der Kirche und dem Glauben, diese Auffassung konnte Schuman nie teilen. Subsidiarität war für ihn ein Grundprinzip gesellschaftlicher und politischer Strukturbildung – das bedeutet, dass Regionen und (‚zivil'-)gesellschaftliche Kräfte ihre Problem selbst lösen können sollten, solange sie dazu in der Lage waren, ohne ständige Unterwerfung unter den Zentralstaat. Als Föderalist hat sich Schuman nie bekannt, aber diese Einstellungen weisen darauf hin, dass ihm eine föderale politische und gesellschaftliche Kultur nahe lag – eher eine deutsche als eine französische mithin. Vor allem aber lag ihm alles daran, das ‚Deutsche' und das ‚Französische' nicht gegeneinander auszuspielen; für Lothringen hatte und würde das immer nur weitere Katastrophen bedeuten.

Diese Einstellungen waren es, die seine Landsleute in Metz dazu bewogen, ihn nach dem Ersten Weltkrieg zu bedrängen, doch die Anliegen Lothringens auch politisch zu vertreten. Von sich aus hatte Robert Schuman auch jetzt keine politischen Ambitionen; Macht zu haben, war ihm kein lohnendes Lebensziel, wie er überhaupt auch in seinem persönlichen Lebenswandel immer überaus bescheiden blieb – selbst noch als Premierminister und Außenminister: Er zog es immer vor, mit öffentlichen Verkehrsmitteln, mit Bahn und Bus, statt mit einer Dienstlimousine zu fahren, manchmal zum Entsetzen der Sicherheitskräfte, die dann für ihn zu sorgen hatten, und als Außenminister im monumentalen Gebäude am Quay d'Orsay richtete er sich lieber ein kleineres, bescheideneres persönliches Büro ein als das offizielle, opulent ausgestattete, weitläufige Ministerbüro zu benutzen. Eher wider Willen, mehr aus Pflichtbewusstsein, lässt er sich 1919 ins französische Parlament wählen, und engagiert sich dort für die verschiedenen Sonderstatuten, die Elsass und Lothringen seit ihrer deutschen Zeit hatten. Das gilt für die Zweisprachigkeit der Region, aber vor allem für das Konkordat mit dem Vatikan, das den Kirchen in beiden Regionen einen Status im öffentlichen Leben sichert, der im laizistischen

Frankreich sonst undenkbar ist, insbesondere im Schulwesen, einem der Felder, auf dem die französische Staatsdoktrin den ‚Klerikalen' traditionell den Kampf ansagte. Besonders heftig waren diese Kämpfe mit der sozialistischen Regierung Herriot – Edouard Herriot war mehrfach Regierungschef in den 20er und 30er Jahren und vertrat eine besonders aggressive, weil nicht nur laizistische, sondern mehr noch atheistische Anti-Kirchenpolitik[23]. Robert Schuman machte sich allmählich einen Namen als kämpferischer Abgeordneter, der ebenso konziliant wie hartnäckig sein konnte.

Nach dem Ausbruch des Zweiten Weltkriegs und während des deutschen ‚Blitzkriegs' gegen Frankreich wird er zum Unterstaatssekretär für Flüchtlinge ernannt – in der gleichen Regierung Reynaud, in der auch Charles de Gaulle erstmals und im gleichen Rang Regierungsmitglied wird. Nach der Kapitulation geht Schuman mit der legitimen Regierung unter Marschall Pétain mit nach Vichy, hat es aber eilig, so bald wie möglich nach Lothringen zurückzukehren, wo inzwischen der Rheinland-Pfälzer Nazi-Gauleiter Josef Bürckel herrscht. Schuman wird sofort nach seiner Ankunft verhaftet und verbringt sieben Monate im Gefängnis, bevor Bürckel ihn freilässt und unter Hausarrest stellt, in Neustadt an der Weinstraße. Vermutlich hat Bürckel seine Hoffnungen darauf gesetzt, dass Schuman sich für die ‚deutsche' Sache würde einspannen lassen – eine völlig verfehlte Hoffnung selbstverständlich, die Schuman selbst niemals nährte. Vielmehr flieht er im August 1942 aus seinem goldenen Käfig und hält sich unter falschem Namen in verschiedenen Klöstern auf, beherbergt von Mönchen und Äbten, die sein Engagement für die Kirche schätzen.

Als er nach der Befreiung von Metz 1944 dort wieder eintrifft, empfangen ihn die jetzt dominierenden politischen Eliten in einer frostigen Atmosphäre – er wird verdächtigt, den Nazis nahegestanden, zu den Deutschen größere Loyalität als zu den Franzosen gehabt zu haben, letztendlich ein ‚boche' – wie das Schimpfwort für die Deutschen lautet – gewesen zu sein. Man erklärt ihn für unwählbar und eliminiert ihn aus dem politischen Leben. Ausgerechnet de Gaulle, der selbst von General Pétain, von der Vichy-Regierung, als Verräter zum Tode verurteilt wurde, und der jetzt mit Pétain das Gleiche tut, ausgerechnet der neue starke Mann, der Staatsmann des erneut zentralistisch vereinten Frankreichs hebt den Bann gegen Schuman auf. De Gaulle schätzt seine Wahrhaftigkeit und Lauterkeit, auch wenn ihm – später – das Zitat in den Mund gelegt wird: „Schuman? Un boche. Un bon boche. Un boche tout de même."[24]

1946 wird Robert Schuman wieder ins französische Parlament gewählt, er ist nun einer der erfahrensten Abgeordneten, er wird Vorsitzender des Finanzausschusses, Finanzminister und sogar, 1947–48, Ministerpräsident – in einer prekären wirtschaftlichen und sozialen Lage, als Kommunisten und Gaullisten mit Streiks und Misstrauenskundgebungen die politische Stabilität Frankreichs bedrohen, in einem politischen System, dem der Vierten Republik, das ohnehin durch permanente Regierungsumbildungen und die schwache Stellung des Regierungschefs geplagt ist – mehr als zehn Monate hält es kaum ein Ministerpräsident im Amt: In den zwölf Jahren dieser Republik wechselt der Amtsinhaber 23 mal … Als Robert Schuman dann am 26. Juli 1948 Außenminister wird, bleibt er es für viereinhalb Jahre – das ist mit großem Abstand Rekord in der

Vierten Republik. Dabei hatte er auch in diesem Amt mit vielfältigen Widerständen, mit heftig divergierenden Strömungen, mit Intrigen und böswilligen persönlichen Verunglimpfungen der schon bekannten Art zu kämpfen. Seine eigene Bereitschaft zur Konzilianz, ja zur Versöhnung, zu einer europäischen Ordnung wurden ihm als Schwäche, ja als Verrat ausgelegt. Kommunisten und Gaullisten verhöhnten und bekämpften ihn von beiden Seiten als ‚boche', der Rückhalt bei den gemäßigteren Sozialisten und Konservativen (Christ-)Demokraten war lau – es war keineswegs ‚Frankreichs' einmütige Entscheidung, eine ‚supranationale' Gemeinschaft zu gründen, und sei es nur für Kohle und Stahl, es war vielmehr eine Außenseiterposition Schumans, eine ganz persönliche Entscheidung dieses Mannes, im bewussten Widerspruch zur politischen Mehrheitskultur seines Landes und ihrer politischen Elite. Es bedurfte deshalb besonders behutsamen, taktischen Vorgehens, ja der politischen List, um in dieser Umgebung diesem Projekt Erfolg zu sichern. Darin fand Robert Schumans politisches Leben seine Erfüllung, dies war der Höhepunkt seiner Laufbahn, sein Rendezvous mit der Geschichte.

Trotzdem: Eins fehlt noch. Es mag nach diesem Blick auf Robert Schumans Herkunft, auf seine Persönlichkeit, sein Engagement plausibel erscheinen, dass er sich für Jean Monnets Ideen erwärmen konnte. Aber es gibt eine unausgesprochene Voraussetzung dafür, dass Schuman die Hürden zu überwinden bereit war, die sich vor ihm aufbauten, eine Voraussetzung, die nur schwer zu greifen ist und durch Quellen kaum zu belegen sein wird, allerdings aus verständlichem Grund. Es ging schließlich darum, einem Gegner, mehr noch: einem Feind, ja einem ‚Erbfeind' Frankreichs versöhnend die Hand zu reichen und ihn als Ebenbürtigen anzuerkennen. Heute ist es (glücklicherweise!) nur noch schwer nachzuvollziehen, was das damals zwischen Franzosen und Deutschen, zwischen Europäern bedeutete; man müsste sich die tief verwurzelten Feindbilder zurück ins emotionale Leben rufen, um zu ermessen, wie hoch diese Hürde war. Einem Feind Versöhnung anzubieten – das setzt einen Wertekanon voraus, der wohl kaum ohne christliche Glaubensüberzeugungen zu denken ist, jedenfalls nicht, wenn man Robert Schuman verstehen will. Sich mit Feinden zu versöhnen und dies nicht als ehrlos, als Schande zu empfinden, Versöhnung an die Stelle von Vergeltung zu setzen statt um jeden Preis Vergeltung als Gerechtigkeit durchzusetzen, gleiche Menschenwürde auch dem Feind (und einem, der sich der schlimmsten Verbrechen an der Menschheit schuldig gemacht hatte) zuzugestehen, in der Versöhnung einen positiven Wert zu sehen – dem müssen eindeutig christliche Glaubensüberzeugungen zugrunde liegen. Tatsächlich war das im Falle Robert Schumans so, und diese Überzeugungen sind eben eine notwendige, wenn auch nicht hinreichende Bedingung dafür, dass Schuman über so tiefe Schatten springen konnte, wie sie die unmittelbare Vergangenheit damals noch warf. Man wird im französischen Außenministerium keine Aktennotizen oder andere Quellen finden, die diese tief liegenden Motive Schumans belegen könnten – im laizistischen Frankreich wären daraus ohnehin keine gültigen Argumente für politische Entscheidungen ableitbar gewesen. Und Schuman selbst hat nirgends Bekenntnisse ab- oder niedergelegt, die diese Verbindung zwischen seinen christlichen Werte-Überzeugungen und seinem versöhnlichen Handeln darlegen. Deshalb bleiben diese Überlegungen Spekulation, allerdings plausible Spekulation auf der Suche nach dem ‚missing link', der Schumans Einsatz für Monnets Plan erst ganz verständlich macht[25].

Das war die Ausgangslage für die erste Maiwoche 1950.

Schuman und Monnet – Einheit in Vielfalt

Es liegt nahe, sich sowohl über die Nähe als auch über die Verschiedenheit der beiden Persönlichkeiten zu wundern, die in diesen Maitagen zueinander fanden und beide ein revolutionäres, das Projekt eines supranationalen Europas auf den Weg brachten, eines Europas, auf das ein Teil der staatlichen Souveränität übertragen werden sollte. Das waren doch ganz unterschiedliche Persönlichkeiten: Während Robert Schuman in seinen grundlegenden Überzeugungen entschieden katholisch war und diese religiöse Fundierung seines gesamten Handelns öffentlich vertrat, war Jean Monnet – jedenfalls öffentlich – religiös indifferent; ein Bekenntnis zu irgendeinem Glauben hat er nie abgelegt und schon gar nicht zur Quelle seiner politischen Motivation erklärt. Während Schuman Jurist war, dem es im letzten Sinne um Recht und Gerechtigkeit ging, war Jean Monnet Businessman, Handlungsreisender, Unternehmer, Pragmatiker, und dies alles auch als politischer Beamter; während Schuman schließlich politische Verantwortung übernahm und sich in den politischen Institutionen behauptete, blieb Monnet ihnen immer fern, stellte sich niemals zur Wahl, übernahm kein politisches Amt. Während Schumans Nähe zu Deutschland, seine

Zweisprachigkeit, seine doppelte Kultur offensichtlich war, entwickelte Monnet eine Nähe zur angelsächsischen Welt, zu den USA und zu Großbritannien, war englischsprachig. Während Schuman sich innereuropäisch, innerfranzösisch, regional, allenfalls bilateral (zwischen Frankreich und Deutschland) engagierte, war Jean Monnet von Jugend an weltoffen, atlantisch, in Nordeuropa würde man sagen: hanseatisch geprägt.

Und doch sind die Konvergenzen zwischen diesen beiden Männern ebenso frappierend:

Beide haben die Distanz zur Politik des französischen Nationalstaats niemals aufgegeben, auch wenn an der Loyalität beider kein Zweifel erlaubt ist. Beide hielten lebenslang an ihrer Skepsis gegenüber der Souveränitätsideologie fest und waren daher frei für andere Lösungen in den internationalen Beziehungen. Vielleicht haben sie sogar alle beide ihre politischen Überzeugungen, ihre Außenseiter-Position im jakobinischen Paris aus ähnlichen Traditionen der politischen Kultur Frankreichs gespeist: Im Südwesten Frankreichs war das die Tradition der Girondisten mit ihrer antijakobinischen, antizentralistischen, föderalen Tradition, ihrer Opposition gegen „Paris" – im Nordosten Frankreichs war es die Sonderstellung der beiden Regionen (Elsass und Lothringen), die immer zwischen Deutschland und Frankreich standen, zweisprachig, bikulturell waren, immer Opfer der Konflikte zwischen beiden, immer auf ihre Autonomie bedacht waren und weder in dem einen noch im anderen Nationalstaat und deren Souveränitätsanspruch ganz und gar aufgingen. Beide waren sie nicht Produkte der Pariser Eliten, sondern sahen Frankreich von den Rändern her.

Alles neu ... eine Woche im Mai

Am Montag, dem 1. Mai also kam Schuman zurück aus seinem privaten Refugium bei Metz, in Scy-Chazelles, erklärte sich bereit, Monnets Plan zu seiner Sache zu machen und alles zu tun, um ihn umzusetzen. Das erforderte einerseits weitere intensive Arbeit an dem Text, andererseits taktische Finessen, damit der zu erwartende Widerstand das Projekt nicht zum Scheitern brachte. Denn in der Tat war mit Opposition, mit *der* Opposition im politischen Milieu, aber auch mit Skepsis, wenn nicht mit Ablehnung oder gar Entrüstung in der öffentlichen Meinung, in der französischen Bevölkerung zu rechnen. Diese Opposition, das war zu erwarten, würde sowohl von den Kommunisten kommen, die jeden Schritt einer westlichen Einbindung Deutschland ablehnten, weil sie die Interessen der Sowjetunion beschädigten, als auch von den Gaullisten, die jeden Souveränitätstransfer auf eine supranationale Gemeinschaft strikt ablehnten. Zwar waren beide Gruppierungen in der Regierung nicht vertreten, aber ihr Einfluss auf die politische Haltung Frankreichs insgesamt, letztlich über das Parlament, war erheblich, und gaullistische Einstellungen fanden sich auch z. B. bei Georges Bidault, wie etwa Clappier bestätigt: „Man darf nicht vergessen, dass Bidaults Vision der Beziehungen zu Deutschland der gaullistischen ziemlich ähnlich war."[26] „Welche Hindernisse waren zu überwinden!", schreibt Schumans Biograph René Lejeune: „Im Parlament würden Gaullisten und Kommunisten, unterstützt von Nationalisten aus allen politischen Gruppierungen, jede Idee einer Union mit Deutschland erbittert bekämpfen, fünf Jahre nach dem Albtraum des Nationalsozialismus. Und mehr noch jede Aufgabe von Souveränität. In der Regierung würden die jeder Neuerung dieser Art feindseligen Kräfte ein derartiges Projekt torpedieren."[27]

Schuman, der nächste Eingeweihte unter den „conjurés", der „Verschworenen", wie Monnet sie nennt, agierte mit all seiner inzwischen zwanzigjährigen politischen Erfahrung, um den Plan durch diese Woche zu bugsieren, ohne Aufsehen zu erregen.

Zunächst aber berichtete die führende französische Tageszeitung „Le Monde" am 2. Mai von einem Treffen des Premierministers Bidault mit Jean Monnet – von *dem* Treffen, um das Monnet gebeten hatte, das aber gar nicht zustande gekommen war![28] Ein anderer Schuman-Vertrauter, einer der jüngeren Generation, Jean-Marie Pelt, Lothringer auch er,[29] erzählt, Schuman habe Bidault um ein Gespräch gebeten, bei dem er vorgeblich dem Premierminister den Plan erläutern wollte, allerdings habe er dabei einen Termin vorgeschlagen, von dem er wusste, dass Bidault ihn nicht würde wahrnehmen können, eben um später einerseits zu seiner Rechtfertigung sagen zu können, er habe doch um ein Gespräch gebeten – die Schuld, dass es nicht zustande gekommen sei, liege bei Bidault –, und um andererseits dieses Gespräch nicht führen, den Plan nicht preisgeben zu müssen.

Wie dem auch sei, am Mittwoch, dem 3. Mai, musste Schuman jedenfalls wenigstens andeutungsweise kundtun, was er plante. Die französische Regierung hielt an diesem Vormittag ihre wöchentliche Kabinettssitzung ab (wie die meisten anderen Regierungen das auch bis heute jeden Mittwoch tun), bei der Schuman in vagen Worten[30] ankündigte, dass er einen Plan für die Londoner Außenministerkonferenz nächste Woche habe. Schuman muss Bidault am Ende oder nach der Sitzung eine Kopie des Plans gegeben haben, denn nach der Sitzung wird Monnet von Bidault zum Rapport zitiert, bei dem der Premier ihm voller Entrüstung eine solche Kopie des Plans zeigt und ihm vorhält: „Schuman hat mir dieses Papier gezeigt, es scheint, dass Sie es geschrieben haben. Ich wäre gern als erster informiert worden." Monnet entgegnete ganz cool, das sei ja auch so geschehen: „Er suchte den Brief, der lag auf seinem Schreibtisch. Hatte er ihn gelesen? In seinen Memoiren schreibt er, dass das der Fall gewesen sein, und ich glaube ihm. Zweifellos entsprach der Plan nicht seinen eigenen Bemühungen um die Einrichtung eines Transatlantischen Rates."[31]

Lassen wir Bidault selbst zu Worte kommen: „Das Projekt war mir von Jean Monnet ins Hôtel Matignon [Sitz des französischen Premierministers] gebracht worden. Man hat gesagt, ich hätte seine Bedeutung nicht verstanden. Die Wahrheit ist, dass ich den Eindruck hatte, der Plan könnte durch gewisse Modifikationen oder Auslassungen, die seine Struktur nicht beeinträchtigt hätten, verbessert werden. Die ständigen Störungen in einer Zeit der Unruhe, die vielfältigen Streiks, die Nervosität der Gewerkschaften und das, was man die ‚Affäre der Generäle' nennt, schufen ein Umfeld, das nicht günstig war für die Korrekturen, die ich für den Erfolg dieses weitreichenden Unternehmens für nützlich hielt."[32] Jean Monnet habe dann, ungeduldig wie er sei, nichts Eiligeres zu tun gehabt, als sich auf den Außenminister zu stürzen und ihm den Plan schmackhaft zu machen[33]. Eine kaum glaubhafte Version der Geschichte: Es ging um viel – die Lösung der ‚Deutschen Frage'! –, es war sehr eilig, und Jean Monnet hatte sich ja auch keineswegs selbst auf

Abb. 3: Jean Monnet (2. v. r.) mit Kollegen, 1.10.1950

den Weg zu Schuman gemacht, und noch nicht einmal den Kontakt zu ihm gesucht; der Zufall – Clappiers nachmittäglicher Besuch in seinem Büro – war ihm zu Hilfe gekommen. Bernard Clappier selbst hat seine eigene Meinung zu der Frage nach Bidaults Schweigen: Dessen Kabinettschef, Pierre-Louis Gabriel Falaize, habe, so erinnert sich Clappier, die von Jean Monnet übersandte Projektskizze in einer Schublade von Bidaults Schreibtisch verschwinden lassen und damit dem Premierminister die Mitteilung Monnets praktisch verheimlicht – ob absichtlich oder unabsichtlich, bleibt offen. Am wahrscheinlichsten klingt deshalb doch die Erinnerung, die Jean Monnet selbst an die Umstände der missglückten Kommunikation mit dem Ministerpräsidenten hatte.

Mit anderen Worten: Bidault behauptet, den Plan gelesen, aber nicht für ausgereift gehalten zu haben; und die Tatsache, dass er sich einige Tage Zeit lassen wollte, um die nach seiner Ansicht nötigen Modifikationen vorzunehmen, erklärt er mit Ablenkungen durch politische Turbulenzen. Er suggeriert damit, dass er sehr wohl auch selbst den Plan realisiert hätte, wenn auch nicht ganz in der Form, die Monnet vorgeschlagen hatte. Sehr überzeugend klingt das nicht: Die Zeit drängte eben, es waren nur noch zehn Tage bis zu der so wichtigen Außenministerkonferenz in London, bei der Frankreich in der Deutschland-Frage Farbe bekennen sollte. Und welche Modifikationen Bidault an Monnets Plan gern vorgenommen hätte, erfährt man auch nicht.

Die Frage, ob Bidault den Plan gelesen hat oder nicht, lässt sich nicht mehr eindeutig klären, aber in jedem Fall – das deutet er selbst an – hatte er andere Vorstellungen von der zukünftigen Sicherheitspolitik Frankreichs. Er war ‚Atlantiker', setzte auf eine enge Kooperation mit den Vereinigten Staaten, hatte in der Woche zuvor, am 16. April, in Lyon die Schaffung eines Transatlantischen Hohen Rates vorgeschlagen, innerhalb dessen die USA sich zu wirtschaftlichen und sicherheitspolitischen Garantien für Frankreich verpflichten sollten. Womöglich ist das der eigentliche Grund für Bidaults Desinteresse an Monnets Plan – jedenfalls ist das auch die Vermutung, die Monnet selbst äußert.

Letztendlich gibt es vier Erklärungen dafür, dass Bidault sich den Plan nicht selbst zu eigen gemacht hat: Erstens kann es in der Tat sein, dass er Monnets Schreiben vom Freitag, dem 28. April, nicht zur Kenntnis genommen und damit unabsichtlich Schuman die Initiative und sozusagen das politisch-intellektuelle Eigentumsrecht an dem Plan überlassen hatte. Zweitens war Bidault eher gaullistisch orientiert, wie Clappier bemerkt, und damit – wie de Gaulle selbst – jedem Souveränitätstransfer und jeder supranationalen französisch-deutschen Union abgeneigt. Drittens verfolgte er seine eigenen Pläne für eine Sicherung der entstehenden Nachkriegsordnung, und die basierten auf dem Projekt einer Institutionalisierung der transatlantischen Beziehungen. Allerdings waren die Chancen auf einen Erfolg solcher Vorstellungen Anfang Mai schon stark gesunken. Und viertens mag er, wie ebenfalls Clappier behauptet, die Tragweite des Plans nicht erkannt und jedenfalls unterschätzt haben.[34] Diese vier Erklärungen schließen einander nicht unbedingt aus – Bidaults Desinteresse an Monnets Plan könnte bei einem Blick auf den Text dazu geführt haben, dass er, aus Abneigung gegen jedweden Souveränitätstransfer lieber seinen eigenen Ideen nachging … Aber das sind Spekulationen, die nicht mehr zu beweisen sind.

Immerhin kann man zwei Vermutungen aufstellen, für die eine hohe Wahrscheinlichkeit spricht: Die Tatsache, dass Bidault erst am Mittwoch, nach der Kabinettsitzung, also nachdem Schuman ihm eine Kopie des Plans gegeben hatte, Jean Monnet zu sich bittet und Aufklärung verlangt, deutet darauf hin, dass er den Plan tatsächlich vorher nicht gelesen hatte; andernfalls hätte er ja Monnet schon früher zur Rechenschaft ziehen können. Und zweitens: Wenn er ihn gelesen, wenn er das Projekt in die Hand genommen – und nicht unfreiwillig Schuman die politische Urheberschaft überlassen – hätte, dann hätte es eine ganz andere Zukunft gehabt, wäre eher verwässert oder gar verhindert worden, hätte jedenfalls seine revolutionäre Stoßrichtung verloren: die Überwindung staatlicher Souveränität zugunsten supranationaler europäischer Integration, Gleichberechtigung in der Partnerschaft mit (West-)Deutschland. Mit anderen Worten: Wenn Georges Bidault, der französische Ministerpräsident, sich in den Tagen zwischen Freitag, dem 28. April, und Dienstag, dem 2. Mai (also vor der Kabinettsitzung am 3.) Zeit für Monnets Dossier genommen hätte, wäre die Europäische Gemeinschaft nicht, zumindest *so* nicht entstanden.[35] Dafür brauchte es Robert Schuman, nicht Georges Bidault – die Personen sind mitentscheidend, nicht allein die Strukturen und Bedingungen, von denen Handlungsdruck auf die Personen ausgeht. Das ist eine Überlegung von so grundsätzlicher Art, dass sie später, im zweiten, nachdenklichen Teil dieser Abhandlung, noch einmal aufgegriffen werden soll.

Offensichtlich ist, dass Bidault die Dinge laufen ließ, am ehesten wohl mit gedämpft missbilligender Toleranz. Das Kabinett machte ebenfalls keine Einwände gegen Schumans Plan geltend – allerdings auch aus nahezu völliger Unkenntnis, wenn denn Schuman wirklich so knapp, ausweichend und vage von einer Initiative erzählt hatte, bei der es um Kohle und Stahl, um einen Interessenausgleich mit (West-)Deutschland, um ein Entgegenkommen an die anderen Westalliierten gehen sollte … Schuman, Monnet und ihre Eingeweihten konnten jedenfalls nach dem 3. Mai weiter an dem Plan arbeiten; die Klippe der Kabinettsitzung und der unvermeidlichen Information des Ministerpräsidenten war erst einmal umschifft.

Und in der Tat: Die achte, vorletzte Variante des Plans wird am Donnerstag, dem 4. Mai erarbeitet. An diesem Tag hatte Jean Monnet ja auch, wie auf der vorangegangenen Fassung vom 28. April handschriftlich vermerkt, den Text an René Mayer, den Justizminister, gelangen lassen, einen weiteren alten Freund aus den ersten Monaten des Zweiten Weltkriegs, als er, Monnet, im September 1939 im Auftrag der französischen Regierung in London über eine Zusammenlegung der Ressourcen für die französischen und britischen Truppen im (bevorstehenden) Kampf gegen Deutschland verhandelte – ganz ähnlich seinen Aufgaben im Ersten Weltkrieg. Mayer wurde „sofort ein enthusiastischer Unterstützer des Plans, in dem er ein Echo unserer Gespräche in Algier fand, als wir dort über die Notwendigkeit sprachen, Europa in Frieden wieder aufzubauen."[36] René Mayer war inzwischen selbst Regierungsmitglied in Frankreich, wie auch René Pleven, ebenfalls damals Mitglied in Monnets Londoner Delegation und nun Minister für die französischen Übersee-Gebiete, wenige Wochen später Verteidigungsminister und bald auch für einige Zeit Ministerpräsident. Beide konnten und sollten, als Vertraute Monnets, bei der Durchsetzung des Plans innerhalb der Regierung eine entscheidende Rolle spielen (und diese Rolle später im selben Jahr 1950 noch weiter ausdehnen).

Am Sonnabend, dem 6. Mai, war die neunte Fassung des Plans fertig und Monnet befand, dass es dabei zu bleiben hätte. Mit dieser nun (nahezu) endgültigen Fassung begab sich Monnet in Schumans Büro, begleitet von René Mayer. Noch einmal waren Änderungen vorgenommen worden, die wohl jetzt vor allem den politischen, den diplomatischen Ansprüchen des Außenministers genügen mussten: „Frankreich, das sich seit mehr als zwanzig Jahren zum Vorkämpfer eines Vereinten Europas macht, hat immer als wesentliches Ziel gehabt, dem Frieden zu dienen. Europa ist nicht zustande gekommen, wir haben den Krieg gehabt.“[37] – „Das war ein Gruß an Briand, aber zugleich die Absage an jegliche Rhetorik“, interpretiert Jean Monnet selbst diesen neuen Satz; und was folgte, war nach seiner Auffassung Ausdruck für „die grundlegende Entscheidung für eine Methode, die darauf abzielte, die Dinge und die Mentalitäten immer weiter zu integrieren“[38]: „Europa läßt sich nicht mit einem Schlage herstellen und auch nicht durch eine einfache Zusammenfassung : Es wird durch konkrete Tatsachen entstehen, die zunächst eine Solidarität der Tat schaffen.“ Damit aber sollte die unermüdlich immer wieder überarbeitete Fassung des Textes endlich enden: „‚Jetzt müssen wir Schluss machen‘, sagte ich, und schrieb: ‚Définitif, samedi, 15h.‘“

Und doch – ein weiterer Gedanke kam hinzu, der diesmal auf René Mayers Veranlassung noch in die neunte Version eingefügt wurde: Sie ist daher nicht die letzte, definitive; die von Robert Schuman dann öffentlich vorgetragene Version, der eigentliche „Schuman-Plan“, ist, genau genommen, die zehnte Fassung. Erst hier findet sich der Satz: „Europa wird dann mit vermehrten Mitteln die Verwirklichung einer seiner wesentlichsten Aufgaben verfolgen können: die Entwicklung des afrikanischen Erdteils.“[39] Dieser Satz muss am Sonnabendnachmittag bald nach der Endredaktion der neunten Fassung eingefügt worden sein, denn Monnet ließ „im gleichen Moment die Dokumente an Pleven […] überbringen. Damit sollte die Liste der Adressaten enden. Insgesamt waren elf Personen in das Geheimnis eingeweiht."[40]

Lassen wir diese elf noch einmal Revue passieren: Jean Monnet, natürlich, war der Initiator des ganzen Plans und kannte seine Grundzüge zuerst. Bernard Clappier war von Monnet mündlich über seine Ideen informiert worden, am 13. oder 14. April, jedenfalls am Vorabend des ersten Gesprächs, das Monnet am Freitag, dem 14. April mit Paul Reuter führte, und das er mit ihm am folgenden Tag, Sonnabend, dem 15. April, ausführlich fortsetzte. Am Sonntag, dem 16. dann, bei Monnet zu Hause in Houjarray, wurde Etienne Hirsch hinzugezogen, alle drei zusammen erarbeiteten die erste schriftliche Fassung des Plans, die am Montag, dem 17., von Monnets Sekretärin Suzanne Miguez, getippt wurde (Madame Miguez, die auch alle folgenden Fassungen mit der Schreibmaschine zu Papier brachte, muss eine der besten Kennerinnen des Textes gewesen sein …). Hirsch erkundigte sich unter dem Siegel der Verschwiegenheit bei zwei Repräsentanten der betroffenen französischen Industrieverbände, Roger Cadel und Alexis Aron danach, wie die Umsetzung des Planes in der französischen Montanindustrie ankommen würde. Am Montag, dem 17. April, kam auch Pierre Uri hinzu, dann tat sich zehn Tage lang nichts, bis zu jenem entscheidenden Freitag, dem 28. April, als Monnet vergeblich versuchte, auf dem Weg über Pierre-Louis Falaize den Plan an Georges Bidault gelangen zu lassen, die ihn aber beide nicht zur Kenntnis nahmen. Robert Schuman dagegen nahm sich das Wochenende vom 29. und 30. April Zeit, Monnets Vorschläge zu überdenken und entschied sich dafür, was er am 1. Mai kundgab. Am 3. Mai dann, bei der wöchentlichen Kabinettsitzung, wurde Bidault von Schuman informiert, das gesamte Kabinett aber offenbar nur so oberflächlich, dass es nicht als eingeweiht gelten kann. Am 4. Mai kam René Mayer hinzu, am Sonnabend, dem 6. Mai René Pléven – in dem Moment, als der Plan in seiner neunten, genau genommen sogar zehnten Fassung ‚endgültig' ausformuliert war. „Neun Personen waren auf dem Laufenden", wie Monnet schreibt, allerdings unter Auslassung der beiden Industrievertreter. Jedenfalls war Suzanne Miguez dann die zwölfte, und auch Falaize, als dreizehnter, dürfte inzwischen von Bidault informiert worden sein.

Zwei (oder drei?) weitere kamen am Wochenende noch hinzu: Am Sonntagvormittag begab sich Monnet ins Büro von Schuman, wo er ihn zusammen mit Bernard Clappier antraf. Beide hatten inzwischen den Generalsekretär des Außenministeriums, Alexandre Parodi, über den Plan in Kenntnis gesetzt – eine delikate Maßnahme, nicht ohne Hintergedanken: Sie diente dem Zweck, offiziell das Ministerium als Institution informiert zu halten und damit den professionellen Ansprüchen an das Regierungshandeln Genüge zu tun; zugleich hatte Schuman Parodi strikte Geheimhaltung des Plans auferlegt – obwohl Generalsekretär und damit Chef des gesamten administrativen und vor allem diplomatischen Personals, durfte Parodi zu niemandem etwas sagen. „Wir waren fest entschlossen", schreibt Monnet, „die ganze Operation außerhalb der offiziellen diplomatischen Wege zu führen und auf jeglichen Botschafter zu verzichten."[41] Die Befürchtung war natürlich, dass das diplomatische Corps Widerstand gegen eine Beeinträchtigung französischer Souveränität leisten würde – wenn irgendwo, dann war hier der harte

Kern konventionellen nationalstaatlichen Denkens versammelt, der jedem Transfer von Anteilen an Souveränität auf eine supranationale Institution feindselig gegenüberstehen musste, zumal dergleichen auch eine Teilung der Macht in außenpolitischen Angelegenheiten, d. h. unweigerlich einen Machtverlust für die Betroffenen selbst bedeuten würde. Der Außenminister musste an seinem eigenen Personal vorbei, ja im Misstrauen auf die Loyalität seiner Diplomaten agieren, um seinem Plan nicht die Realisierungschancen zu nehmen.

Etwas unverhofft wurde noch ein weiterer Mitspieler zum Mitwisser: der amerikanische Außenminister Dean Acheson. Er war auf dem Weg zu der Londoner Konferenz, die in der nächsten Woche von Mittwoch bis Sonnabend dauern sollte, und hatte am Wochenende zunächst in Paris Station gemacht. Der Rhythmus solcher Treffen war damals noch ein anderer, langsamerer, geruhsamerer, vielleicht auch besonnenerer: Eine ganze Woche auf Reisen zu sein für eine solche Konferenz, das wäre heute undenkbar. Aber die entschleunigte, besser: noch nicht beschleunigte Diplomatie der Zeit machte solche Ausflüge möglich. Jedenfalls traf Acheson, in Begleitung des amerikanischen Botschafters in Paris, David Bruce, nicht nur ganz natürlich mit seinem französischen Kollegen zusammen – beide kannten sich gut und schätzten einander sehr; auch Jean Monnet war persönlich mit Acheson befreundet: Seine Aufenthalte in den USA, in Washington, vor dem Krieg, hatten ihn mehrfach mit Acheson zusammengeführt, sie waren sich in verschiedenen Funktionen, auch privat und in persönlicher Freundschaft, begegnet, und da Monnet ohnehin aufgrund seiner langen Erfahrung als Handlungsreisender im Namen seiner Cognacproduzierenden Familie in den USA Business betrieben hatte, verstand er bestens, nach welchen Regeln Achesons Urteilsvermögen funktionierte.

Schuman und Monnet konnten gar nicht anders, als Acheson in ihren Plan einzuweihen – alles andere hätte sich am kommenden Mittwoch bei der Außenministerkonferenz als Vertrauensbruch erwiesen: ‚Vor drei Tagen war ich zum vertraulichen Gespräch bei Ihnen', hätte Acheson zu Schuman gesagt (oder es zumindest gedacht), ‚und Sie haben mich nicht über Ihren revolutionären Plan informiert?!' Es ging nicht anders, Acheson musste ins Bild gesetzt werden, und das war nicht ganz risikolos: In der Tat hatte er, beim ersten Blick auf den Plan, Bedenken, sehr amerikanische Bedenken: Sollte da etwa in Europa eine Art Planwirtschaft für Kohle und Stahl entstehen, ein Kartell, ein Monopol, politisch organisiert – statt liberal und marktwirtschaftlich? Für Amerikaner eine Horrorvision, umso mehr als es in der Konfrontation der Supermächte und ihrer Blöcke genau darum ging: Um Freiheit der Märkte oder staatliche Planwirtschaft. Da erwies es sich als überaus nützlich, dass Monnet sofort einsah, wie man dem Amerikaner den Plan ‚verkaufen' musste, nämlich indem man darauf bestand, dass es sich keineswegs um Planwirtschaft, sondern im Gegenteil um die Schaffung eines großen, grenzenlosen Marktes handeln sollte, dass politische Intervention nur zur Herstellung und zur Gewährleistung der Funktionen dieses Marktes, nicht zur Planung von Produktion und Konsum, wohl zur Garantie von Wettbewerb, nicht aber zur Privilegierung von Kartellen erlaubt sein sollte. Acheson ließ sich überzeugen und das war dann am folgenden Mittwoch in London wiederum von entscheidender Wichtigkeit, um die Annahme des französischen Plans im Kreis der Westalliierten zu garantieren, was angesichts des empörten Widerstands des britischen Außenministers Ernest Bevin keineswegs ein Selbstläufer war – aber davon später. An diesem Sonntag war nun wirklich die Liste der Eingeweihten komplett; sie umfasste zusätzlich zu den elf, mit Madame Miguez und mit Falaize dreizehn, jetzt sechzehn Personen: Die Nummern 14, 15 und 16 tragen die Namen Alexandre Parodi, Dean Acheson und David Bruce.

Aber das reichte natürlich noch nicht, um den Plan öffentlich zu machen und damit nach London zu reisen …

III.
9. Mai: Europatag

Von Paris nach Bonn: Mischlichs ‚Mission impossible‘

Es war klar, dass Schuman noch zweierlei brauchte: Zum einen die offizielle Zustimmung der französischen Regierung zu seinem Plan; ohne diese formelle Annahme des Projekts würde er am Mittwoch in London nicht im Namen Frankreichs sprechen können. Aber vorher noch musste Schuman wissen, ob (West-) Deutschland, ob die Bundesrepublik mitziehen würde – wenn er seine Initiative in der französischen Regierung und dann in London vortragen sollte, anschließend aber die Deutschen dem Plan eine Abfuhr erteilen würden, wäre das eine diplomatische Katastrophe, Schumans Position unhaltbar, die Lösung des deutschen und europäischen Problems im Sinne Frankreichs unmöglich geworden. Die Kabinettsitzung für die kommende Woche war von den eingeweihten Ministern unter verschiedenen Vorwänden von Mittwoch – da musste Schuman in London Farbe bekennen – auf Dienstag, den 9. Mai, vorverlegt worden[42], eben damit sein Plan im Kabinett gerade noch rechtzeitig abgesegnet werden konnte. Bis dahin musste die bundesdeutsche Zustimmung vorliegen. Am Sonntag, dem 7. Mai, war den eingeweihten Akteuren also bewusst, was bis Dienstagabend zu tun war – die Zustimmung der Bundesrepublik Deutschland einholen und die französische Regierung dazu bewegen, den Plan offiziell als den Plan Frankreichs zu akzeptieren.

Abb. 4: Begegnung zwischen Jean Monnet und Konrad Adenauer, Bonn, 9.12.1953

Aber beides war leichter gesagt als getan: *Wie* sollte die Zustimmung Deutschlands denn innerhalb von eineinhalb Tagen eingeholt werden können? Die normale Prozedur wäre gewesen, den französischen Amtsträger in der Bundesrepublik, den ‚Hochkommissar' François Poncet, zu informieren und ihn zu beauftragen, bei der deutschen Bundesregierung mit dem Anliegen vorstellig zu werden, die Bundesregierung möge den Plan des französischen Außenministers billigen. ‚Amtsträger' bedeutete zu dieser Zeit noch nicht ‚Botschafter', da die Bundesrepublik völkerrechtlich noch nicht souverän war. Die Siegermächte des Zweiten Weltkriegs hatten sich auch nach der doppelten deutschen Staatsgründung 1949 in einem ‚Besatzungsstatut' noch die wesentlichen Souveränitätsrechte selbst vorbehalten. Und Schuman hatte keinen direkten ‚Kollegen' in der Bundesrepublik – diese hatte, aus denselben Gründen, keinen Außenminister, kein Außenministerium, denn sie war noch nicht wieder berechtigt, eigene Außenpolitik zu betreiben; auch diese Kompetenz hatten die Siegermächte noch nicht an den neuen Staat zurückgegeben. Der Bundeskanzler selbst musste die Aufgaben wahrnehmen, die sich im Verhältnis der Bundesrepublik zu anderen Staaten unvermeidlich ergaben, und Konrad Adenauer nahm diese Aufgabe überaus wichtig, so wichtig, dass er sie nur höchst ungern abgab, als später das Auswärtige Amt mit einem eigenen Minister wieder gegründet und mit der Kompetenz ausgestattet wurde, die Außenpolitik der Bundesrepublik zu verantworten. Aber den offiziellen Weg über Botschafter und Außenministerien wollte Schuman ja ohnehin nicht gehen, weil er der französischen Diplomatie, seinem eigenen Ministerium und dessen Beamten nicht zutraute, über ihren Schatten – den der vermeintlich unaufgebbaren nationalstaatlichen Souveränität – springen zu können. Theoretisch hätte auch die Möglichkeit bestanden, dass Schuman selbst nach Bonn reiste, um mit Adenauer persönlich zu sprechen. Aber dafür war weder genug Zeit, noch hätte ein solcher Aufwand getrieben werden können, ohne die Aufmerksamkeit all derer zu erregen, die Schuman nicht an der Entscheidung beteiligen wollte.

Es blieb nur ein Weg: „Der persönliche Kontakt, den Schuman mit Adenauer aufnehmen wollte, würde einem Mitglied seines persönlichen Büros [„cabinet“ heißt das in der französischen Struktur] aufgetragen werden, der insgeheim nach Bonn reisen würde, und zwar genau zu der Stunde, zu der die Entscheidung fallen musste. Es blieb nur zu bestimmen, welches diese Stunde sein sollte.“[43] … und wer dieser Schuman-Vertraute sein könnte: Es war ein junger Lothringer, Robert Mischlich, der seit einigen Jahren zwischen dem Justiz- und dem Außenministerium pendelte, weil er im ersteren mit der Angleichung bzw. behutsamen Respektierung von Rechtsvorschriften im Elsass und in Lothringen beschäftigt war – ein Feld, das bekanntlich für Schuman von höchstem Interesse war. Ein Vertrauter also, mit derselben heimatlichen Verbundenheit an Lothringen, mit ganz ähnlichen Anliegen in der französischen Regierungsarbeit beschäftigt, die Schuman so lange und immer noch bewegten, und mit dem zusätzlichen Vorteil, dass er nicht Diplomat im Außenministerium selbst war, so dass Schuman niemandem aus der eigenen ministeriellen Hierarchie gegenüber rechtfertigen musste, warum er diesen jungen Mann plötzlich für eine geheime Mission brauchte. Und Mischlich hatte Schuman bereits zweimal nach Bonn begleitet, im August 1949 und im Januar 1950 – er war also aus eigener Erfahrung bestens über die Problematik der deutsch-französischen Beziehungen informiert und brauchte nicht eigens vorbereitet zu werden.

„Früh am Morgen des 8. Mai", so schreibt Mischlich selbst, „ließ Robert Schuman mich zu sich rufen. Ich begab mich sofort in sein bescheidenes Büro, das er sich am Quai d'Orsay hatte einrichten lassen. Dort, und nicht in dem prachtvollen Bureau de Vergennes [dem eigentlichen Ministerbüro], arbeitete er für gewöhnlich, studierte die Unterlagen und empfing enge Mitarbeiter. Der Minister teilte mir unmittelbar mit, dass er mich mit einer kniffligen und geheimen Mission beauftragen wolle."[44] Tatsächlich ist Robert Mischlich der einzige, der über diese Mission Auskunft geben konnte – sie war eben geheim, außer Schuman waren nur Monnet und Clappier überhaupt darüber informiert, und wie sie verlief, konnte nur Mischlich selbst erzählen. Dazu hat ihn, der ansonsten keine bedeutende Karriere machte, die Memoiren von öffentlichem Interesse nahegelegt hätten, die Jean-Monnet-Stiftung in Lausanne aufgefordert, und er hat tatsächlich 1986 diese Episode seines Lebens schriftlich niedergelegt – der einzige authentische Bericht des einzigen Akteurs in diesen rund 30 Stunden zwischen dem Morgen des 8. und dem späten Vormittag des 9. Mai.

Deshalb nehmen wir die Spur Mischlichs auf und hören ihm zu, wenn er über diese Stunden erzählt. „Weil die Zeit [an jenem 8. Mai, vormittags in Schumans Büro] drängte, sagte mir Schuman: ‚Sie werden sich am Abend nach Bonn begeben und morgen vor 12 Uhr Bundeskanzler Adenauer treffen. Ihm persönlich werden Sie zwei Schreiben übergeben, eins mit dem Resümee des Vorschlags, den ich am 9. Mai dem Kabinett vorlegen werde.' Mein Auftrag war also völlig klar und mit seltener Präzision zeitlich determiniert. Der Minister fügte hinzu: ‚Es gibt nur wenige Personen – darunter natürlich Jean Monnet und Bernard Clappier –, die über die Mission, die ich Ihnen übertrage, unterrichtet sind und die bis zu ihrem erfolgreichen Ende geheim bleiben muss. Darauf bestehe ich mit besonderem Nachdruck, denn die geringste Indiskretion wäre geeignet, ein Projekt, auf das ich größten Wert lege, zum Scheitern zu bringen.' Er fügte noch hinzu … ‚Bundeskanzler Adenauer ist nicht eingeweiht, denn nichts von dem, was in der Rue de Martignac [in Jean Monnets Büro] vorbereitet wurde, ist nach Bonn kommuniziert oder dort vorgeschlagen worden.' […]" Mischlich war natürlich von diesem Auftrag beeindruckt, und fährt in seinen Erinnerungen fort: „Einen deutschen Bundeskanzler zu einem genau festgesetzten Termin zu treffen, ohne dass deshalb zuvor irgendwelche Kontakte zu ihm geknüpft worden wären, und das ohne jedes Wissen der französischen Diplomatie und François Poncets selbst – das erschien mir eine überaus schwierige Aufgabe, und ich machte Schuman gegenüber daraus keinen Hehl.

Er antwortete mir mit maliziösem Schalk: ‚Diese Aufgabe übersteigt nicht Ihre Fähigkeiten. Im Übrigen kommt einem in manchen Lebenslagen die Vorsehung [la grâce d'état] zugute.‘ Ich verabschiedete mich von meinem Minister, ohne dass er mir für meinen Auftrag ausdrücklich Glück gewünscht hätte. Am Abend nahm ich den Zug nach Bonn.“[45] Jean Monnet bestätigt in seinen Memoiren den Zeitpunkt: „Am Abend bestätigte mir Clappier, dass der Mitarbeiter Schumans, ein lothringischer Jurist, M. Michlich [sic!] nach Bonn aufgebrochen sei“.[46]

Mischlich nahm den Nachtzug von Paris nach Bonn. Er muß eine unruhige Nacht im Zug verbracht haben – mit diesem Auftrag! Ein junger Mann, denen, die er treffen sollte, weitgehend unbekannt – Adenauer, in seinen Memoiren, spricht von einem „französischen Herrn, dessen Namen ich nicht kenne“[47] –, und nun gar vom französischen Außenminister selbst angewiesen, die beiden Schreiben in seiner Mappe diesem deutschen Bundeskanzler persönlich zu übergehen, und dabei nicht nur auf jede Unterstützung durch den französischen ‚Botschafter‘ zu verzichten, sondern auch noch darauf zu achten, dass der nichts davon erfuhr! Wie sollte dieser junge Mann ins Bundeskanzleramt gelangen, ohne jede Autorisierung? Wie sollte er dort den Zugang zum Bundeskanzler selbst finden?

Gegen 9 Uhr, am Morgen des 9. Mai, kam Mischlich am Palais Schaumburg, dem damaligen Sitz des Bundeskanzlers, an. „Zwei uniformierte Wachsoldaten, die mir für die Ewigkeit einbalsamiert schienen, standen Wache vor diesem kleinen Palais, als ob es sich um eine Filiale der Walhalla handelte, Aufenthalt der deutschen Helden nach ihrem Tod in der Schlacht. Mit verbissener Miene hielt ich auf sie zu und schrie ihnen meinen Namen ins Gesicht, mit dem Titel ‚Doktor' voraus, einem Titel, der in Deutschland immer noch eine magische Wirkung hat. Ich hatte mich nicht getäuscht. Die beiden Wachen salutierten und ich habe noch heute in den Ohren, wie ihre Hacken aneinanderschlugen, als ich die Schwelle zum Bundeskanzleramt überschritt." Was heute zweifellos unmöglich wäre, gelang Mischlich tatsächlich: Er hatte es bis ins Kanzleramt geschafft.

Dort steuerte er das Büro von Herbert Blankenhorn an, der der engste außenpolitische Berater des Bundeskanzlers war. Selbst Karrierediplomat, schon seit Beginn der 30er Jahre, war er auch in der Zeit des Nationalsozialismus im Auswärtigen Amt geblieben, zuletzt als Protokollchef. Aber Adenauer hatte kaum eine Wahl – wenn er nicht völlig unerfahrene Amateurdiplomaten als Ratgeber installieren wollte, dann konnte er nur auf die zurückgreifen, die ihre Erfahrungen auch in der Nazi-Zeit gesammelt hatten; das Thema ist vielfach und kontrovers diskutiert worden, und auch Blankenhorn war aus diesem Grund nicht unumstritten.[48] Mischlich jedenfalls fand ihn „überlegen intelligent, sehr kultiviert – ein großer Bewunderer von Hölderlin –, sprachlich von sarkastischer Schärfe, mit eleganter Gestik … Blankenhorn empfing mich mit ausgesuchter Höflichkeit." Offenbar hatte Mischlich wenigstens bei ihm die Erinnerung daran wecken können, dass er im Januar Robert Schuman in Bonn begleitet hatte. „Ich bat ihn inständig darum, alles zu tun, damit ich den Kanzler so bald wie möglich persönlich sehen und sprechen konnte. Er nahm sich meiner Bitte unverzüglich an und machte sich, ausgestattet mit den beiden Schriftstücken, die ich überbringen sollte, auf den Weg, um den Bundeskanzler aufzusuchen. Dieser unterbrach eine Sitzung des Bundeskabinetts, bei der es um die Mitgliedschaft der Bundesrepublik im Europarat ging und nahm Kenntnis sowohl von dem französischen Vorschlag als auch von dem persönlichen Brief Robert Schumans. Darüber diskutierte er ziemlich ausführlich mit Herbert Blankenhorn, bis dann der letztere zu mir zurückkam und mir eröffnete, dass der Bundeskanzler mich empfangen würde." Auch das also gelang Mischlich! Er hatte es bis ins Bundeskanzleramt, ja bis zum Bundeskanzler geschafft, und die beiden Schriftstücke in dessen Hände gelangen lassen!

Es fehlte nur noch eins, das Wichtigste: Adenauers Zustimmung, die Mischlich bekanntlich ohne jede Verzögerung nach Paris melden sollte. Denn dort tagte zur gleichen Zeit die fran-zösische Regierung, wo Robert Schuman, assistiert von Bernard Clappier, sehnsüchtig und mit wachsender Unruhe darauf wartete, endlich aus Bonn ‚Grünes Licht' für den Plan signalisiert zu bekommen. Erst dann wollte und konnte Schuman ja das französische Kabinett wenigstens etwas ausführlicher als in der Woche zuvor darüber informieren und darum bitten, ihn zu ermächtigen, diesen Plan im Namen Frankreichs am Tag darauf in London den anderen Westalliierten als Lösung des Deutschland-Problems zu präsentieren. Alles hing von Stunden, ja halben, Viertelstunden ab an diesem Vormittag. „Gegen 11 Uhr betrat ich das Büro des Bundeskanzlers", schreibt Mischlich – eine Stunde vor der ‚deadline', die Schuman ihm gesetzt hatte und die er unbedingt einhalten musste, weil gegen Mittag die französische Kabinettsitzung zu Ende gehen sollte. Hätte Schuman bis dahin nichts gesagt und die Zustimmung der Regierung nicht erhalten – der Plan wäre den beiden anderen Westalliierten nicht vorgetragen, die erste Europäische Gemeinschaft nicht, oder jedenfalls nicht jetzt, so nicht, gegründet worden. Eine Stunde noch …

Konrad Adenauer, der kölsche Europäer

Aber wen traf Mischlich eigentlich dort im Palais Schaumburg? Wer war Konrad Adenauer – dieser erste Kanzler der Bundesrepublik, für lange Zeit der Rekordhalter, was die Dauer seiner Macht angeht und nicht nur in dieser Hinsicht, ein bundesdeutscher Mythos? Adenauer war zehn Jahre älter als Robert Schuman, geboren wurde er 1976, ein echtes Kölner Gewächs – Sohn eines Sekretärs am Kölner Appellationsgericht, eingeschult und bis zum Abitur Schüler an Sankt Aposteln, natürlich katholisch, drittes von fünf Kindern. Wie Schuman schlägt Konrad Adenauer eine juristische Laufbahn ein, verlässt Köln zu Studienzwecken vorübergehend, kehrt aber schon bald ins Rheinland, erst nach Bonn, dann zum Abschluss des Studiums nach Köln zurück, wo er bald nach der Jahrhundertwende zunächst an Gerichten, dann für Lokalpolitiker arbeitet und auch selbst lokale politische Ämter übernimmt. Schicksalsschläge ereilen ihn früh: Nach zwölf Jahren Ehe stirbt seine erste Frau 1916, nachdem sie ihm drei Kinder geboren hatte. Im Jahr darauf wird er selbst bei einem Autounfall schwer verletzt, im Gesicht und am Kiefer, und muss operiert werden. 1919 heiratet er zum zweiten Mal und wird noch fünfmal Vater.

Aber schon im September des Jahres 1917, im jungen Alter von 41 Jahren, wird Adenauer zum Oberbürgermeister der Stadt Köln – ein Amt, das ganz und gar seinen Ambitionen entspricht und das er auch nach dem Zweiten Weltkrieg noch einmal, wenn auch nur kurz, ausüben wird. Von 1921 bis zum Beginn der Nazizeit mischt er zusätzlich an vorderster Front in der Weimarer Republik mit, als vielfach wiedergewählter Präsident des Preußischen Staatsrates – der Parlamentskammer, die gegenüber dem preußischen Teilstaat des Deutschen Reiches die Interessen der Provinzen vertritt, und diese – die rheinischen – sind in der Tat ein Anliegen Adenauers, das es ihm Wert ist, die preußische Regierung, die ihm zu zentralistisch agiert, zu bremsen, wo es nur geht. In dieser starken Doppelfunktion als Kölner Oberbürgermeister und preußischer Parlamentspräsident ist Adenauer für über ein Jahrzehnt eine Konstante in der Weimarer Republik – bis ihn die Nazis aus allen Ämtern werfen, und das gleich am 13. März 1933.

Abb. 5: Konrad Adenauer, 23.6.1952

„Als der frisch zum Reichskanzler ernannte Adolf Hitler am 17. Februar 1933 für eine große Wahlkampfveranstaltung nach Köln reiste, empfing ihn Adenauer nicht persönlich am Flughafen und lehnte eine Rheinbeleuchtung zu seinen Ehren ab. Adenauer argumentierte, Hitler sei als Parteiführer und nicht als Reichskanzler in Köln. Zudem ließ der Oberbürgermeister Hakenkreuzfahnen, die auf der Deutzer Hängebrücke – und damit auf städtischem Eigentum – angebracht worden waren, wieder entfernen." Das war der unwiderrufliche Bruch mit den Nazis, die ihn nun definitiv als Feind identifizierten. „Die Woche zwischen Reichstags- und Kommunalwahl [letztere fand am 12. März 1933 statt] erlebte Adenauer als Hetzjagd, in der er zahlreiche Warnungen und Drohungen erhielt. Vor dem Rathaus wurde ‚Fort mit Adenauer' und ‚Adenauer an die Mauer' skandiert. Zu seinem vermeintlichen ‚Schutz' wurden SA-Wachen in sein Haus geschickt. Gleichzeitig jedoch zogen SA-Mitglieder durch die Stadt und sammelte Geld unter der Parole: ‚Jeder Groschen ein Schuss gegen Adenauer!' [...] Maßgebliche Kräfte bei dieser Hetze waren der nationalsozialistische ‚Westdeutsche Beobachter' und die rheinische NSDAP-Größe Josef Grohé, von denen Adenauer als ‚Judenknecht', ‚Blutjude' und jüdischer ‚Großprotz von Köln' bezeichnet wurde. Diese bösartigen und rassistischen Vorwürfe spielten auf Adenauers gute Beziehungen zu Juden wie dem Unternehmer Dannie Heineman und zur jüdischen Gemeinde sowie zur zionistischen Bewegung Kölns an."[49] Im Jahr darauf wird er erstmals von der Gestapo verhaftet und bis zum Ende des Krieges immer wieder drangsaliert, mit mehreren Gefängnisaufenthalten, zuletzt 1944. Das hatte auch Folgen für sein Privatleben, natürlich: „Nachdem Adenauer am 23. August 1944 verhaftet wurde, ihm die Flucht aus dem Gestapo-Gefängnis auf dem Messegelände in Köln gelang und er bei Hachenburg im Westerwald untergetaucht war, wurde Gussie Adenauer [seine zweite Ehefrau] von den Nationalsozialisten in der Gestapo-Zentrale in Köln derart unter Druck gesetzt, dass sie den Aufenthaltsort ihres Mannes preisgab. Daraufhin wurde Adenauer am 25. September 1944, dem Tag ihrer Silberhochzeit, verhaftet. Sie erlitt einen seelischen Zusammenbruch und unternahm einen Selbstmordversuch. Von den erlittenen Qualen erholte sie sich nicht mehr. Sie verstarb am 3. März 1948 an den Folgen ihrer Verletzungen."[50]

Unmittelbar nach der Eroberung der (zerstörten) Stadt Köln durch amerikanische Truppen wurde Adenauer von deren Kommandeuren wieder als Oberbürgermeister eingesetzt – eine Rehabilitierung, die nicht lange dauerte, denn schon bald nachdem die Briten die Amerikaner abgelöst hatten, fiel Adenauer bei den neuen Machthabern in Ungnade. „Anlass für seine Entlassung als Oberbürgermeister am 6. Oktober 1945 durch den britischen Brigadier Barraclough war die Auseinandersetzung über das Verbot der britischen Militärregierung, Brennmaterialien an die Bevölkerung abzugeben. Adenauer wurde ‚Unfähigkeit' und ‚mangelnde Tatkraft' vorgeworfen. Vermutlich spielten auch seine indirekten Kontakte zu Vertretern der französischen Militäradministration eine Rolle. Denn ihm wurden alle politische Betätigung und das Betreten der Stadt Köln verboten."[51] Zwar wurde Adenauer von den Briten sehr bald rehabilitiert, aber diese weitere Demütigung muss ihn dennoch tief getroffen haben.

Nichtsdestoweniger nahm der inzwischen fast 70-Jährige sein Schicksal an und engagierte sich nicht nur auf der lokalen, sondern auch wieder auf der Ebene des neu entstehenden deutschen Teilstaates, der Bundesrepublik. Er war maßgeblich an der Gründung der CDU beteiligt, wurde zu ihrem Vorsitzenden gewählt und, nach deren Wahlsieg bei den ersten Wahlen nach der Staatsgründung, am 15. September 1949, zum Bundeskanzler – weniger als acht Monate, bevor der Schuman-Plan ihn erreichte. Dennoch hatte Adenauer sogleich damit begonnen, für europäische Verständigung zu werben, und der britische Kommandeur, der ihn 1945 entließ, hatte Grund genug zu der Vermutung, dass Adenauer insbesondere auf eine Versöhnung mit Frankreich setzte – das war nach seiner Überzeugung der Königsweg zur Vermeidung künftiger Konflikte und zur europäischen Einigung. Wenige Wochen vor dem 9. Mai, im Frühjahr 1950, hatte er selbst eine umfassende Vereinigung der (bundes-)deutschen mit der französischen Wirtschaft vorgeschlagen – aber Deutschland (die Bundesrepublik) war, fünf Jahr nach Kriegsende, nicht rehabilitiert genug, um vertrauenswürdiger Initiator solcher Pläne sein zu können, und das Projekt hatte, im Vergleich zu Jean Monnets Plan, den Nachteil, zu hohe Ansprüche insbesondere an einen französischen Souveränitätsverzicht auf einmal zu stellen. Adenauers Vorschlag blieb ohne Resonanz.

In den Tagen vor und am 9. Mai selbst stand die Europapolitik aus anderen Gründen im Fokus der deutschen Regierungsarbeit: Es ging um den Beitritt der Bundesrepublik zu dem am 5. Mai 1949 – zu einem Zeitpunkt also, als es diesen Staat Bundesrepublik Deutschland noch nicht gab – gegründeten Europarat. Der war zwar ursprünglich als Initialzündung und als Motor europäischer Integration gedacht, blieb aber schon bald, wie bereits angedeutet, hinter den Erwartungen zurück; es fehlte ihm jegliche Kompetenz zu bindender Gesetzgebung, zu ‚supranationaler' Entscheidung, und vor allem das Vereinigte Königreich war entschlossen, jegliche Entwicklung in dieser Richtung zu verhindern. Dennoch, der Europarat war Anfang 1950 noch eine Art Hoffnungsträger und Adenauer machte sich in der Bundesrepublik stark für den Beitritt. Im April argumentierte er in einem Memorandum an den Bundestag so: „Es ist eine Schicksalsfrage, ob das deutsche Volk wünscht, dass Europa zwischen den großen Machtblöcken der Vereinigten Staaten und der Sowjetunion aufgespalten, in Nationalstaaten aufgeteilt bleiben soll, die sich politisch befehden und wirtschaftlich gegeneinander arbeiten, oder ob Europa zu einem politischen und wirtschaftlichen Zusammenschluss gelangt, der ihm Eigengewicht und innere Stabilität verleiht. Obwohl der Europarat mit Mängeln behaftet ist, ist er doch bisher der einzige Weg."[52] Und nun kam Robert Mischlich, in Schumans Auftrag, mit einem anderen Weg …

„Der James Bond der französischen Diplomatie"[53] Robert Mischlich im Tête-à-tête mit Adenauer (Palais Schaumburg, Bonn)

Unmittelbar auf die eben zitierten Worte folgt in Adenauers Memoiren das Kapitel „Der Schuman-Plan". Es beginnt mit dem Bericht über die Kabinettsitzung, die auch in Bonn an diesem Dienstagvormittag des 9. Mai stattfand und der Frage des Beitritts der Bundesrepublik zum Europarat galt. „Die Kabinettsitzung begann um 9.30 Uhr. Es war sehr wichtig, dass das Kabinett eine Entscheidung traf. Für den 11. Mai [sic!] war in London eine Konferenz der drei westlichen Außenminister angesetzt, die die deutsche Frage zum Gegenstand ihrer Beratungen haben sollte. Es war unbedingt notwendig, dass die deutsche Regierung bis zum Beginn dieser Konferenz eine Entscheidung über ihre Bereitschaft zur Zusammenarbeit in Europa bekanntgab. Ich maß dieser Entscheidung, die am 9. Mai im Kabinett getroffen wurde, eine große Bedeutung bei und hatte, um sie in entsprechender Weise der deutschen und ausländischen Öffentlichkeit bekanntzugeben, für den gleichen Abend um 20 Uhr eine Pressekonferenz angesetzt." Dann folgt der entscheidende Zusatz: „Ich wusste am Morgen noch nicht, dass der Tag eine bedeutsame Wendung in der europäischen Entwicklung bringen würde."[54]

Da es jetzt auf Tage, ja Stunden ankommt, muss zunächst die irritierende Angabe Adenauers befragt werden, die Londoner Außenministerkonferenz sei für den 11. Mai anberaumt worden – das ist in der Tat, aber auch nur formal, richtig, denn in Wirklichkeit begann sie schon am 10. Mai, und zwar mit der Entscheidung über den Schuman-Plan, und wurde allerdings an den folgenden drei Tagen (bis zum 13. Mai) fortgesetzt. Manches spricht dafür, dass sich Adenauer im Datum geirrt hat: Anders ist kaum zu erklären, dass auch die deutsche Kabinettsitzung, ganz wie die französische, eben wegen der Botschaft, die noch vor der Konferenz in London an diese ausgesandt werden sollte, am Dienstag, und nicht, wie üblich, am Mittwoch (dem 10. Mai) stattfand. Das gleiche Argument wird gestützt durch Adenauers Absicht, noch am selben Abend – ebenfalls wie in Paris geplant! – eine Pressekonferenz zu geben, um die deutsche Position gerade noch vor dem Außenministertreffen öffentlich zu machen.[55]

„Während der Beratungen im Kabinett kam die Mitteilung, dass ein Abgeordneter des französischen Außenministers Schuman mir eine dringende Mitteilung zu machen habe. Ministerialdirektor Blankenhorn empfing den Herrn, der ihm zwei Briefe Schumans überbrachte. Der Inhalt der Briefe sei äußerst dringend, wie er sagte, sie müssten mir unverzüglich vorgelegt werden. Der französische Herr, dessen Namen ich nicht kenne, wies Blankenhorn darauf hin, dass in Paris im gegenwärtigen Augenblick der Ministerrat tage und über den Inhalt der Briefe berate. Außenminister Schuman wäre sehr dankbar, wenn er unverzüglich meine Stellungnahme zu den Briefen erfahren könne. Blankenhorn reichte mir die Briefe in die Kabinettssitzung herein."

Adenauer, Staatsmann, der er war, begriff sofort, welche Tragweite der Vorschlag hatte, und Schumans persönliches Schreiben ließ daran auch keinen Zweifel: „Der Kern des Vorschlages von Robert Schuman war, die gesamte französische und deutsche Kohle-, Eisen- und Stahlerzeugung [...] einer gemeinsamen Hohen Behörde zu unterstellen." Dadurch würden „die ersten festen Grundlagen zu einer für die Erhaltung des Friedens unerlässlichen europäischen Föderation [ge-]schaffen. – In dem persönlich an mich gerichteten Brief schrieb mir Schuman, der Zweck seines Vorschlages sei nicht wirtschaftlicher, sondern eminent politischer Natur", indem er nämlich der Sicherung des Friedens zwischen beiden Ländern diene.[56] Adenauer zögerte keinen Moment: „Schumans Plan entsprach voll und ganz meinen seit langem vertretenen Vorstellungen", und am Abend in der Pressekonferenz wurde Adenauer nicht müde, in immer anderen Wendungen die Bedeutung des Plans zu unterstreichen, nachdem er den Beschluss, dem Europarat beizutreten, erläutert hatte: „Ich betonte nachdrücklich, dass ich ihn [Schumans Plan] als einen großherzigen Schritt Frankreichs und seines Außenministers Schuman gegenüber Deutschland und gegenüber der europäischen Frage betrachte. Er sei zweifellos von der denkbar größten Bedeutung für die Beziehungen zwischen Deutschland und Frankreich und für die ganze europäische Entwicklung. [...] Ich betrachtete den Vorschlag Schumans als einen sehr wichtigen Fortschritt in den deutsch-französischen Beziehungen, dessen Bedeutung nicht nachdrücklich genug unterstrichen werden könne. [...] Ich erklärte, die Zusammenlegung der Grundproduktion von Kohle, Eisen und Stahl schaffe eine echte Voraussetzung dafür, dass zwischen Frankreich und Deutschland in Zukunft jeder Konflikt ausgeschaltet sein werde. Hierin erblicke ich die äußerst große Bedeutung des Beschlusses der französischen Regierung."[57]

Aber was Adenauer am Abend sagen würde, ist am Vormittag noch Zukunftsmusik, noch ist der Vormittag nicht vorüber, noch wartet Robert Mischlich darauf, Schuman Adenauers Zustimmung übermitteln zu können, noch ist der „Beschluss der französischen Regierung" nicht gefasst. Adenauer kommt in seinen Erinnerungen nicht noch einmal auf das Gespräch mit Mischlich zurück, aber dieser selbst erzählt von seiner Begegnung mit dem Bundeskanzler, die – da unterbrachen wir die Berichterstattung – „gegen 11 Uhr" (Mischlich, s. o.) zustande kam. Zur Erinnerung: Mischlich war nach eigenen Angaben gegen 9 Uhr im Palais Schaumburg, dem Kanzleramt, angelangt. Um 9.30 Uhr begann die Kabinettssitzung, und da diese für sein Gespräch mit Adenauer unterbrochen wurde, muss es inzwischen einige Zeit verflossen sein, bis er Blankenhorn erreicht, informiert und von der Wichtigkeit seines Auftrags überzeugt hatte. Das kann gegen 10 Uhr gewesen sein, denn, wie Mischlich sagt, seinem Treffen mit Adenauer – um 11 Uhr – ging eine „ziemlich lange" Diskussion zwischen dem Bundeskanzler und seinem außenpolitischen Berater voraus, die also zwischen 10 und 11 Uhr stattgefunden haben muss. Jedenfalls war Mischlich eine Stunde vor Mittag – der „deadline", die ihm Schuman aufgegeben hatte – endlich am Ziel: beim Bundeskanzler.

Für diese Begegnung „gab es keinen Zeugen. Ob er jemanden in seinem Büro empfing, ob er bei einer Sitzung das Wort ergriff – er selbst war immer ein Ereignis an sich. Es war immerhin das dritte Mal, dass ich den Kanzler traf – er erinnerte mich übrigens überaus freundlich daran [während er doch in seinen Memoiren schreibt, dass er den Namen „des französischen Herrn" nicht kenne …] –, aber ich war immer noch fasziniert von diesem Mann mit seinen 74 Jahren, der mich durch seine schlanke Erscheinung und die Jugendlichkeit seines Auftretens beeindruckte." Adenauer kam schnell zur Sache: „Er sagte mir: ‚Ich habe die Schreiben zur Kenntnis genommen, die Sie überbracht haben, und bin noch vollkommen überwältigt.' Er fügte hinzu: ‚Mein ganzes Leben lang habe ich für die deutsch-französische Versöhnung gekämpft und heute, dank der großmütigen Initiative Robert Schumans, erfüllen sich die Hoffnungen, die ich immer gehegt habe.' Das war offensichtlich ein großartiger Tag für diesen Mann und ich glaube wahrgenommen zu haben, wie ihm, der sonst so gefasst und selbstdiszipliniert war, leicht die Lippen zitterten und damit verrieten, wie tief er emotional betroffen war. ‚Dieser Vorschlag Frankreichs, sagte er mir weiterhin, ist in jeder Hinsicht von historischer Bedeutung; er gibt meinem Land seine Würde wieder und ist zugleich der Grundstein für die Einigung Europas, an die ich mehr als je zuvor glaube.' […] ,Sagen Sie Ihrem Minister, setzte Adenauer fort, ,dass ich mit seinem Vorschlag vorbehaltlos einverstanden bin, dass ich es mir zur Pflicht mache, ihn zu unterstützen und, wenn nötig, zu verteidigen.'"[58]

An dieser Stelle erlaubt sich Mischlich eine der wenigen eigenen Einschätzungen der Personen und Ereignisse: „Wie Robert Schuman auch war Adenauer davon überzeugt, dass die europäische Einigung nur über die deutsch-französische Aussöhnung möglich werden würde. Ich konnte jetzt ermessen, wie sehr diese beiden Männer geistig derselben Familie angehörten, geprägt von derselben europäischen Kultur, demselben Ideal verpflichtet und in demselben Kampf engagiert." Und Mischlich wagt sich ins Allgemeine: „In Wirklichkeit ist die deutsch-französische Aussöhnung nicht in den Kanzlerämtern errungen worden, ihre Meilensteine sind nicht herausragende Ereignisse wie Verträge; vielmehr entsprang sie dem persönlichen Engagement von Menschen, unter denen Robert Schuman und Konrad Adenauer an erster Stelle stehen, die alle beide unter dem Nazi-Regime gelitten hatten."[59]

Nach Mischlichs Erinnerung war Adenauer derart begeistert, dass er sofort eine Pressekonferenz einberufen und den Plan an die große Glocke hängen wollte – gleich jetzt, nicht erst am Abend! Mischlich wies ihn „mit großer Ehrerbietung darauf hin, dass mein Minister selbst die Absicht hatte, am Abend eine öffentliche Erklärung abzugeben und dass er [Schuman] ihn [Adenauer] dringend darum gebeten habe, den Vorschlag bis zu jener Erklärung als strikt persönlich und vertraulich zu betrachten. Ich fügte hinzu, dass jede Indiskretion den Plan womöglich zum Scheitern bringen könne, vor allem da doch das französische Kabinett damit noch gar nicht befasst worden sei. Der Bundeskanzler stimmte zu und versprach, die Veröffentlichung des Plans durch die französische Regierung abzuwarten." 20 Uhr, der Zeitpunkt, zu dem die Pressekonferenz in Bonn ohnehin angesetzt war, genügte diesem Versprechen, denn in Paris war das entsprechende Ereignis zwei Stunden früher geplant.

Aufschlussreich für die später noch einmal aufzugreifende Frage, ob Adenauer wirklich zuvor keine Kenntnis von Schumans Plan gehabt habe, ist Mischlichs Erinnerung an das Ende des Gesprächs: „Er stellte mir noch einige Fragen zur Entstehung des Plans. Da ich nicht zu den ‚Eingeweihten' gehört hatte, konnte ich ihm nur das sagen, was ich von Robert Schuman erfahren hatte. Meine diesbezüglichen Erläuterungen müssen ziemlich mühsam und konfus geklungen haben. Der Kanzler merkte das und bestand nicht auf weiteren Auskünften."[60]

Zurück in Paris: Smalltalk im Kabinett, Aufruhr am Abend

Mischlich hatte alles erreicht, was ihm aufgetragen worden war – aber es war auch höchste Zeit! „Sowie ich das Büro des Bundeskanzlers verlassen hatte, dachte ich daran, dass zur gleichen Zeit Robert Schuman im französischen Regierungskabinett saß, und beeilte mich, Bernard Clappier anzurufen, um ihm die positive Antwort Konrad Adenauers mitzuteilen. Bernard Clappier sagte mir, er werde den Minister sofort von meinem Telefonat unterrichten. Ich sah auf meine Uhr, es war genau 11.45 Uhr. Ich hatte den Zeitplan, den mir mein Minister vorgegeben hatte, eingehalten."[61]

Allerdings sehr knapp ... Wechseln wir den Schauplatz und sehen und hören, was in diesen Minuten in Paris bei der französischen Kabinettssitzung geschah. Dort warteten die ‚Eingeweihten', allen voran Schuman, aber natürlich auch Clappier, mit wachsender Ungeduld auf die erlösende Nachricht aus Bonn. Der einzige, der Auskunft über das Geschehen in diesen Minuten gibt, ist allerdings Jean Monnet – weder Robert Schuman noch Bernard Clappier, noch auch einer der Minister oder Bidault selbst, haben Erinnerungen an diesen entscheidenden Moment hinterlassen. Also Monnet, der sich immerhin auf Clappiers – offenbar mündlich mitgeteilte – Erinnerungen beruft: „Der Ministerrat [die französische Regierung] tagte im Elysée-Palast und Clappier erinnert sich an seine lange Wartezeit in einem benachbarten Bureau. Wir waren in die Rue de Martignac durch eine interministerielle Telefonleitung verbunden. Mittag war vorbei und die Tagesordnung abgearbeitet, ohne dass Schuman ein Wort gesagt hätte. Er konnte nicht das Wort ergreifen, bevor er die Sicherheit hatte, dass Adenauer seine Zustimmung gegeben hatte, seine rückhaltlose Zustimmung, an der er zwar nicht zweifelte, aber die doch ausdrücklich vorliegen musste. Dieses lange Schweigen machte uns Angst: Sollte alles auf wenige Minuten ankommen? Die Mitteilung von Michlich [wieder schreibt Monnet den Namen falsch, auch wenn er in der französischen Aussprache wie „Mischlisch" geklungen hätte ...] erreichte Clappier in dem Moment, in dem die Kabinettsitzung gerade beendet worden war [„le conseil venait d'être levé"], und alle setzten sich wieder. Was Schuman jetzt seinen Kollegen mitteilte, gehört zu den Geheimnissen des Kabinetts, aber ich glaube zu wissen, dass er noch verhaltener und noch weniger gut verständlich sprach als sonst schon gewöhnlich. Niemand zog den Vorschlag, den er nach London mitnehmen wollte, in Zweifel, und Pleven und Mayer unterstützten ihn nachdrücklich, obwohl die meisten anderen Minister den genauen Wortlaut erst am nächsten Morgen aus der Presse erfuhren. Nach dem Ende der Kabinettsitzung rief Clappier mich an: ‚Wir haben es geschafft, es kann losgehen.'"[62]

Was passiert war, war nichts weniger als die Entscheidung der französischen Regierung, die erste Europäische Gemeinschaft, die für Kohle und Stahl, auf den Weg zu bringen … und, in den ein, zwei Stunden zuvor, war die Entscheidung der bundesdeutschen Regierung gefallen, diesem Weg zur Europäischen Einigung zuzustimmen. Frankreich und (West-)Deutschland hatten sich auf dramatische Weise entschlossen, sich miteinander auf den Weg zu einem gemeinsamen Europa zu begeben.

IV.
Die Kontroverse um den 9. Mai

Aber – war das wirklich so dramatisch? Lag wirklich alles an wenigen Viertelstunden? Fand das alles genauso statt, an diesem Vormittag des 9. Mai, zwischen 9 Uhr: Mischlichs Ankunft im Bundeskanzleramt, und kurz nach Mittag: formelle Zustimmung der französischen Regierung? Vielleicht war alles ganz anders?![63] Die genaue Chronologie der beiden Tage des 8. und 9. Mai ist heftig umstritten – es gibt geradezu eine „Kontroverse um den 9. Mai 1950", so der Titel eines eigenen Beitrags zu Adenauers Frankreich-Politik.[64] Denn andere – und teilweise dieselben! – Zeitzeugen und Akteure haben eine andere Chronologie in Erinnerung. Nun könnte man diese Zweifel auf sich beruhen lassen – immerhin ist unstrittig, was bis Montagmittag und was ab Dienstagmittag geschah; warum also viel Aufhebens um die 24 Stunden dazwischen machen?

Aber zwei Gründe gibt es doch, die Abfolge der Ereignisse genau zu klären: Zum einen ist das wichtig für die Frage, wie in den Regierungen der beiden Länder Entscheidungen von großer Tragweite getroffen wurden. Bestätigt sich hier das Diktum, Adenauer sei „der Kanzler der einsamen Entscheidungen"[65] gewesen? Das wäre in der Tat der Fall, wenn er von Mischlich erst am Dienstagvormittag informiert worden wäre und dann gewissermaßen aus dem Stand und ohne jede Konsultation auch nur eines anderen Regierungsmitglieds die Entscheidung „für Europa" getroffen hätte. Wäre er dagegen am Vortag informiert worden, hätte er Zeit gehabt, diese Weichenstellung von epochaler Tragweite mit anderen verantwortlichen Politikern abzustimmen. Und wenn er es trotzdem nicht tat, wäre das noch aussagekräftiger für seine Alleingänger-Methode![66] So ähnlich Schuman: Hatte er doch schon vor Beginn der Kabinettsitzung am Dienstagvormittag von Adenauers Zustimmung Nachricht erhalten? Ging seine Taktik, seine List so weit, diese Zustimmung während der Kabinettsitzung zu verschweigen, um seine Kollegen im letzten Moment zu überrumpeln? Oder bekam er die Nachricht wirklich erst im letzten Moment, als tatsächlich keine Zeit mehr blieb, den Plan ausführlicher vorzustellen, er also das Feigenblatt des Zeitdrucks für die Sparsamkeit seiner Mitteilung in Anspruch nehmen konnte?

Zum anderen ist es einfach so spannend wie in einem Krimi oder in einer Gerichtsverhandlung, in der die Zeugen sich widersprechen – und man wissen möchte, wer der ‚Täter' ist …! Und welche Zeugen! Schuman, Adenauer, Monnet, Clappier, Blankenhorn, Mischlich! Ihre Aussagen und Zeugnisse sind offenkundig widersprüchlich – und einige müssen daher falsch sein! Mehr noch, einige der Zeugen widersprechen sich in unterschiedlichen Dokumenten selbst, so z. B. Adenauer! Nehmen wir also die Ermittlungen auf und vernehmen wir die Zeugen der alternativen Chronologie, allen voran Herbert Blankenhorn; und ihn zuerst, weil er der einzige Vermittler der Begegnung zwischen Mischlich und Adenauer im Bundeskanzleramt war, und zudem Adenauers engster Vertrauter, zumindest in Angelegenheiten der Außenpolitik.[67]

Der Zeuge Herbert Blankenhorn

Herbert Blankenhorn gibt in seinen Tagebüchern Auskunft über die Ereignisse. Offenbar hat er sich täglich Notizen gemacht, so dass über die Datierung der jeweiligen Einträge kaum Zweifel aufkommen können; sie stammen von genau dem Tag, unter dessen Datum sie eingetragen wurden – es sei denn, das Datum ist irrtümlich oder absichtlich falsch gesetzt worden. Warum Blankenhorn das in diesem Fall hätte tun sollen, ist auf den ersten Blick nicht ersichtlich, aber ausschließen kann man natürlich zumindest einen Irrtum nie. Die gleiche Chronologie wie in seinen Tagebüchern wiederholt Blankenhorn in dem Text, den er zu dem von der Jean-Monnet-Stiftung herausgegebenen Band „L'Europe – une longue marche" („Europa – ein langer Weg") beigesteuert hat, unter dem Titel „Herbert Blankenhorn, Ambassadeur de la République fédérale d'Allemagne, témoigne" – er schreibt hier also ausdrücklich als ‚Zeuge'. Hier wie dort nennt Blankenhorn Montag, den 8. Mai, als den Tag des Besuches von Mischlich und gibt zwei genaue Zeitpunkte für die Begegnungen mit ihm an:

- „Bonn, Montag, den 8. Mai 1950
  Vormittags zwölf Uhr trifft der Mitarbeiter des französischen Außenministers Schuman Herr Michlin [sic!] bei mir ein, um ein persönliches Schreiben seines Ministers an den Bundeskanzler zu übergeben. Das Schreiben enthält den sensationellen Vorschlag der französischen Regierung, einer Zusammenlegung der deutschen und französischen Kohle- und Stahlproduktion."

- „Nachmittags sechs Uhr Empfang des Herrn Michlin beim Kanzler: Übergabe der beiden Antwortschreiben. Man vereinbart die Veröffentlichung des französischen Schritts für Dienstagabend, den 9. Mai, sobald Schuman in einer von ihm geplanten Pressekonferenz die große Neuigkeit der Weltöffentlichkeit mitgeteilt habe.“[68]

Drei Historiker nehmen ausführlich auf Blankenhorns Zeugenaussage Bezug. Zunächst Hans-Peter Schwarz, in seiner inzwischen fast kanonischen Adenauer-Biographie. Schwarz folgt Blankenhorn unbedenklich, ändert aber den Zeitpunkt der abendlichen Begegnung aus unerfindlichen Gründen von 18 Uhr (so Blankenhorn) in 18.50 Uhr (vielleicht bloß ein Tippfehler?). Und Mischlich nennt er mit einem zweiten Vornamen – Jean –, der sonst von niemandem bezeugt wird. Im kleinsten, an sich nichtssagenden, Detail werden dabei Ungenauigkeiten erkennbar.

Ulrich Lappenküper hat die Entstehung und das Schicksal des Schuman-Plans genau unter die Lupe genommen und entscheidet sich ebenfalls, Blankenhorn zu folgen, allerdings mit der bloß lapidaren Bemerkung, Mischlich nenne „irrtümlicherweise den 9.5. als Datum seiner Bonnreise.“ Angesichts der überaus lebendigen und detailreichen Schilderung Mischlichs lässt sich seine Erinnerung aber nicht bloß als ein beiläufiger Irrtum abtun. Und Blankenhorns genaue Zeitangabe für Mischlichs Eintreffen – 12 Uhr – wandelt Lappenküper um eine Nuance ab, in „am späten Vormittag“.

Am genauesten hat sich Blankenhorns Biographin, Birgit Ramscheid, mit den Details des Ablaufs auseinandergesetzt; allerdings sind ihre Angaben auch am zweifelhaftesten. Ramscheid schreibt: „Gerade nach der eher frostigen Stimmung während des Schuman-Besuches [vom Januar] sorgte das Schreiben, das Blankenhorn von Robert Mischlich, einem Mitarbeiter Schumans, am 8. Mai 1950 für den Kanzler übergeben wurde, für umso größere Überraschung im Kanzleramt […] Die Mission Mischlichs war geheim; selbst die französische Hohe Kommission wurde vorab nicht unterrichtet. [hier folgt in Ramscheids Text folgende Anmerkung: „Am 7. Mai [sic!] wurde Mischlich vorstellig bei Blankenhorn. Er [Mischlich] machte sich folgendes Bild von ihm [Blankenhorn]:" Dann zitiert Ramscheid die Charakterisierung Blankenhorns, die auch hier aus Mischlichs „Mission secrète" übersetzt zitiert wurde. Natürlich ist das Datum „7. Mai" ein Fehler – aber wenn dieses Datum fehlerhaft vermerkt ist, dann sinkt auch das Vertrauen in die Korrektheit anderer Daten.

Dass Ramstein nicht genau trifft, was wann auf den Weg gebracht wurde, zeigt auch ihr Umgang mit den Motiven und Begriffen, die für die Einschätzung des Schuman-Plans wesentlich sind: „Die politische Kernaussage der Offerte Schumans", schreibt sie, „bezog sich auf die wirtschaftliche Zusammenarbeit zwischen der Bundesrepublik und Frankreich auf der Basis der Gleichberechtigung. Auch sollte die geplante intergouvernementale Organisation offen für die Partizipation weiterer europäischer Staaten bleiben. Blankenhorn wertete diesen Vorschlag als eine ‚sensationelle Eröffnung'. ‚Der Kanzler ist überzeugt, dass diese französische Maßnahme eine völlig neue Entwicklung einleiten wird', notierte Blankenhorn in seinem Tagebuch." Die Belege, die Ramscheid aus diesem Tagebuch anführt, sind auf den 8. Mai datiert.

Jedenfalls ist Ramscheid terminologisch und letztlich – was nicht unabhängig voneinander ist – auch politisch nicht korrekt: Die „politische Kernaussage“ des Schuman-Plans war eben nicht bloß „wirtschaftliche Zusammenarbeit auf der Basis der Gleichberechtigung“, sondern vielmehr Friedenssicherung durch den Aufbau einer europäischen Föderation jenseits der nationalstaatlichen Souveränität; Adenauer hat sofort darin die eigentliche Bedeutung der „Offerte“ erkannt. Und deshalb handelt es sich auch nicht um eine „intergouvernementale“, sondern um eine „supranationale“ Organisation, nicht um eine horizontale Kooperation zwischen souveränen Staaten, sondern um die Einwilligung dieser Staaten in die Anerkennung einer politischen Autorität über ihnen selbst, die für beide (und bereitwillige andere) Staaten gleichermaßen legitime Entscheidungen treffen können sollte. „Intergouvernemental“ und „supranational“ sind mithin nicht Synonyme, sondern Gegensätze, die man in dieser Situation auf keinen Fall gleichsetzen oder verwechseln darf.

Wie dem auch im kleinsten Detail sei – es bleibt dabei, dass Blankenhorn behauptet, Mischlich am 8. Mai gegen Mittag empfangen zu haben, zwischen diesem Zeitpunkt und dem späten Nachmittag mit dem Bundeskanzler Schumans Plan erörtert und Mischlich um 18 Uhr mit zwei Antwortbriefen Adenauers ausgestattet zu haben. Mit diesem Zeitpunkt endet die Bezeugung der Ereignisse durch Blankenhorn. Vor allem geht aus seinen Tagebuchnotizen und Erinnerungen nicht hervor, ob Mischlich am späten Nachmittag des 8. Mai nur die Briefe erhielt oder auch mündlich die Antwort Adenauers auf Schumans Angebot – im zweiten Fall hätte er noch am Montagabend, nach 18 Uhr, Bernard Clappier oder Robert Schuman über das Ergebnis telefonisch informieren können, im ersten Fall (nur mit den Briefen in der Tasche, aber über ihren Inhalt nicht informiert) hätte er sich über Nacht auf den Rückweg nach Paris machen müssen, um die (ihm unbekannte) Nachricht rechtzeitig überbringen zu können.

Eine weitere erhebliche Unstimmigkeit – zwischen Blankenhorns Tagebuch und den realen Bedingungen für Mischlichs Reise – besteht zwischen der behaupteten Ankunft gegen Mittag (wenn wir es konzilianterweise mit der allzu präzisen Zeitangabe „12 Uhr" für einen Moment nicht so genau nehmen) einerseits und den materiellen Möglichkeiten, die Mischlich hatte, um von Paris nach Bonn zu gelangen. Paul Collowald, in späteren Jahren Generaldirektor für Information bei der EU, zur Zeit der Ereignisse aber Redakteur bei der französischen Tageszeitung „Le Monde", hat sich „ganz einfach die Frage gestellt: Zu welcher Zeit hätte Robert Mischlich Paris am 8. Mai verlassen müssen [um gegen Mittag in Bonn ankommen zu können ...]? [...] Nach einigen Telefonanrufen habe ich ein erstes Ergebnis erzielt: Im Jahr 1953 [sic!] brauchte man mit dem Zug, nach Auskunft der Eisenbahn aus jener Zeit, von Paris nach Köln 8einhalb Stunden, und dann für den Anschluss nach Bonn noch einmal eine halbe Stunde. Wenn man noch 30 Minuten für den Aufenthalt in Köln hinzufügt, muss man also 9einhalb Stunden rechnen." Hinzu kommt der Weg vom Bonner Bahnhof zum Palais Schaumburg, was mit dem Taxi zwar nur zehn Minuten dauert, aber mit Aus-, Ein-, wieder Aussteigen, im Bundeskanzleramt Einlass finden etc. doch mindestens eine weitere halbe Stunde[69]. Nach Collowalds plausibler und ergänzter Rechnung kann Mischlich also gar nicht gegen Mittag in Bonn gewesen sein – wenn man annimmt, dass Schuman ihn an diesem Montagmorgen gegen 9 Uhr (oder früher) in sein Büro rief, informierte, beauftragte und auf die Reise schickte – Mischlich berichtet auch von diesem Moment, seiner Beauftragung, ausführlich und authentisch. Er wird kaum früher als gegen 9 oder 10 Uhr am Bahnhof gewesen sein und einen Zug hat finden können und wäre dann frühestens um 20 Uhr im Palais Schaumburg gewesen – selbst für den Zeitpunkt 18 Uhr wäre das zu spät, insbesondere aber hätte Adenauer an diesem Tag nicht mehr die Zeit gehabt, sich mit Blankenhorn zu beraten und zusätzlich zwei Briefe aufzusetzen.

Fazit der Vernehmung des Zeugen Blankenhorn: Seine Bezeugung ist von bestechender Präzision, Tagebücher sind gewöhnlich in dergleichen Datierungsfragen von hoher Zuverlässigkeit – und doch bleibt ein Zweifel, nicht nur, weil Mischlich, Monnet und Clappier anderes behaupten, sondern einfach, weil Blankenhorns Zeitplan mit den damaligen Reisemöglichkeiten nicht zu vereinbaren ist.

Der Zeuge Bernard Clappier

Rufen wir den Zeugen Bernard Clappier in den Zeugenstand, in gewisser Weise das Pendant zu Blankenhorn – er war der engste Mitarbeiter Robert Schumans in dieser Sache, so wie Blankenhorn Adenauer am nächsten stand, und Clappier war von Anfang an in die Planung und Umsetzung des Plans einbezogen, stand also unter dem starken Eindruck der Ereignisse und sollte sich deshalb besonders gut erinnern können. Auch ihn hat die Jean-Monnet-Stiftung für den Band „L'Europe – une longue marche" interviewt – und seine Antwort auf die Frage nach der Chronologie macht die Lage noch verwirrender. Auf die Frage „Wann ist Bundeskanzler Adenauer informiert worden?" antwortet er: „Ganz genau [„très exactement"!] am Abend vorher. Am 8. Mai im Laufe des Vormittags rief Robert Schuman den Bundeskanzler an, um ihm den Besuch eines Mitarbeiters anzukündigen, der ihm ein persönliches Schreiben überbringen werde. Dieser Mitarbeiter, Herr Mischlich, kam am späten Nachmittag [„en fin d'après-midi"] in Bonn an und übergab dem Bundeskanzler den Brief des Ministers, mit einem Begleitschreiben, das den Vorschlag erläuterte, der am nächsten Tag dem Kabinett eröffnet werden sollte. – Mischlich kam im Laufe der Nacht [„dans la nuit"] zurück nach Paris. Er brachte die positive Antwort des Bundeskanzlers mit."

Auf die weitere Frage des Interviewers, ob „man am 9. Mai wirklich Angst hatte, dass sich im Kabinett Schwierigkeiten ergeben würden", antwortet Clappier: „Nein, nicht wirklich. Es gab einen falschen Alarm: Gegen Mittag schienen die Minister aufbrechen zu wollen und Robert Schuman hatte noch nicht gesprochen. Tatsächlich war die Mitteilung des Außenministers für das Ende der Debatte vorgesehen worden, und in der Tat präsentierte Schuman sein Projekt zwischen Mittag und 13 Uhr. Soweit ich mich erinnere, war der falsche Alarm zur Mittagszeit in Wirklichkeit nur eine kurze Pause."[70]

Aber wie zuverlässig sind diese Erinnerungen Clappiers, die – anders als im Falle Blankenhorns – nicht von Tagebucheintragungen oder sonstigen Zeugnissen aus der Zeit der Ereignisse selbst gestützt werden? Es sieht so aus, als zweifele Clappier selbst gelegentlich an der Verlässlichkeit seiner Angaben: Die Formel: „Soweit ich mich erinnere …", ist dafür ein Indiz. Nicht nur hat Jean Monnet den Dienstagvormittag anders in Erinnerung, er erinnert sich darüber hinaus auch an eine andere Erfahrung Clappiers selbst, die hier noch einmal zitiert sei, um sie dem späten Zeugnis Clappiers gegenüberzustellen: „Der Ministerrat [die französische Regierung] tagte im Elysée-Palast und Clappier erinnert sich an seine lange Wartezeit in einem benachbarten Bureau. Wir waren in die Rue de Martignac durch eine interministerielle Telefonleitung verbunden. Mittag war vorbei und die Tagesordnung abgearbeitet, ohne dass Schuman ein Wort gesagt hätte. Er konnte nicht das Wort ergreifen, bevor er die Sicherheit hatte, dass Adenauer seine Zustimmung gegeben hatte, seine rückhaltlose Zustimmung, an der er zwar nicht zweifelte, aber die doch ausdrücklich vorliegen musste. Dieses lange Schweigen machte uns Angst: Sollte alles auf wenige Minuten ankommen?" (siehe oben). Der schon genannte Paul Collowald erinnert sich ebenfalls an Clappiers Nervosität: „Ich habe Bernard Clappier gut gekannt. Er hat mir erzählt, dass er sich damals als Stabschef des Außenministers in einem Büro neben dem französischen Kabinettssaal befand, und ihm sei angst und bange gewesen; er wartete auf den Anruf aus Bonn."[71] Kurioserweise haben Jean Monnet und Paul Collowald also unabhängig voneinander Notiz von Clappiers Sorgen genommen, die im Gegensatz zu dessen eigener (viel späterer) Erinnerung auf die dramatische Zuspitzung der Ereignisse am 9. Mai deuten! Und dass Clappiers Erinnerungen an die Ereignisse nicht ganz sicher waren, ja dass sie an mehreren Stellen zum Zweifeln einladen, wurde schon deutlich, als es um die dramatische Übergabe des Plans an Schuman auf dem Pariser Ostbahnhof ging – auch für diesen Moment sind die Auskünfte Clappiers bekanntlich widersprüchlich (siehe oben).

Fazit der Vernehmung von Bernard Clappier, zum 8. bzw. 9. Mai: Er behauptet – im Unterschied zu Blankenhorn –, dass Mischlich zwar wohl am 8. Mai in Bonn eingetroffen sei, aber erst am Abend, und dass er in der Nacht mit den Antwortschreiben des Bundeskanzlers nach Paris zurückgekommen sei. Demzufolge hätte Adenauer in der kurzen Zeit zwischen der Ankunft Mischlichs „am späten Nachmittag" und seiner Abreise am Abend Schumans Vorschläge zur Kenntnis nehmen, mit Blankenhorn erörtern, zustimmen und zwei Antwortschreiben aufsetzen (und tippen lassen) müssen – ein sehr enger, unwahrscheinlich enger Zeitplan! Außerdem hätte Adenauer dann am Dienstagmorgen das Kabinett mit dem Schuman-Plan befassen können – was jedenfalls nicht geschah –, hätte allerdings seine (einsame) Entscheidung für die Annahme des Planes schon am Vortag, am Montag, getroffen und mitgeteilt. Unerklärlich bleibt auch bei dieser Variante, warum es am Dienstagmorgen noch so viel Stress für Clappier und Schuman gab, da doch angeblich die positive Antwort Adenauers schon in der Nacht in Paris ankam, von Mischlich überbracht. Und im Allgemeinen gilt: Die Zuverlässigkeit von Clappiers Chronologie ist fragwürdig.

Der Zeuge Konrad Adenauer

Vielleicht am merkwürdigsten ist das Zeugnis von Konrad Adenauer – er ist der einzige Beteiligte, der sich offensichtlich selbst widerspricht. Ausführlich zitiert wurden bereits seine Erinnerungen, beginnend mit dem Satz, der sich auf den 9. Mai bezieht: „Ich wusste am Morgen noch nicht, dass der Tag eine bedeutende Wendung in der europäischen Entwicklung bringen würde" – eine Aussage, die sich nur auf die unmittelbar anschließend behandelte Ankunft von Robert Mischlich beziehen kann. Dann schildert Adenauer, wie schon berichtet, mit großer Detailgenauigkeit, was sich nach Mischlichs Auftritt ereignete – „Während der Beratungen im Kabinett kam die Mitteilung, dass ein Abgesandter des französischen Außenministers Schuman mir eine dringende Mitteilung zu machen habe." – „Blankenhorn reichte mir die Briefe in die Kabinettsitzung hinein" etc. (siehe oben). Gäbe es weiter keine Zeugnisse, würden diese Erinnerungen, zumal sie haargenau mit denen von Mischlich übereinstimmen, keinen Zweifel an ihrer Authentizität und Genauigkeit zulassen. Es gibt aber eben doch andere Quellen, und zwar von Adenauer selbst, die genau diese Zweifel unvermeidlich machen: Die beiden Briefe nämlich, die der Bundeskanzler als Antwortschreiben an Schuman richtet und Mischlich mit auf den Weg gibt, sind auf Montag, den 8. Mai datiert! Hinzu kommt, dass Adenauer in seinem Antwortschreiben Schuman mitteilt, die Bundesregierung werde über den Beitritt zum Europarat „morgen Beschluss fassen."[72] Allerdings ist diese Datumsangabe im Brief letztendlich kein ganz eindeutiger Beweis dafür, dass er am 8. Mai geschrieben wurde: Adenauer könnte ihn auch am

9. Mai noch während der Kabinettsitzung geschrieben haben, ohne zu diesem Zeitpunkt sicher sein zu können, dass das Kabinett die äußerst umstrittene Entscheidung tatsächlich an diesem Tag noch würde treffen können. Dann wäre selbst der Hinweis auf die *morgige* Beschlussfassung mit Mischlichs Chronologie vereinbar. Allerdings nehmen nun die Vermutungen und Versuche, unterschiedliche Zeugnisse miteinander kompatibel zu machen, selbst unwahrscheinliche Züge an …

Hans Peter Mensing, der Adenauers Briefe herausgegeben hat, weist zu allem Überfluss auch noch auf folgende Quelle hin: „Hinzu kommt, dass auch die Terminkalender und Besucherlisten des Bundeskanzlers (auf die wir gleichfalls hingewiesen haben [in der Ausgabe der Briefe Adenauers, Hinweis HM]) zweifelsfrei bestätigen, dass ihn ‚am Montag, dem 8. Mai, um 18.50 Uhr Herr Mischlich, französische Hohe Kommission' besucht." (Collowald, op.cit., S. 94). Allerdings ist in diesem Eintrag mit Sicherheit ein Fehler enthalten: Mischlich gehörte eben nicht der „Hohen Kommission" an, sondern war ja gerade an dieser vorbei vom französischen Außenminister direkt entsandt worden. Und die Zeitangabe „18.50 Uhr" weicht zumindest um fast eine Stunde von dem Tagebuch-Eintrag Blankenhorns ab, der den abendlichen Besuch Mischlichs auf 18 Uhr datiert. Schließlich ist dieser Besuch um 18.50 Uhr nach Blankenhorn ja schon der zweite, der nur dazu dient, die schriftliche Zustimmung des Bundeskanzlers in Empfang zu nehmen, während offenbar Belege dieser Art (Besucherlisten etc.) für Mischlichs ersten Besuch, bei dem er Adenauer Schumans Pläne vorlegt, nicht existieren.

Trotzdem, last not least, hat Hanns Jürgen Küsters einen weiteren Beleg ausfindig gemacht, der auf den 8. Mai als Tag der

Ankunft Mischlichs deutet: „Ich bin bei meinen Recherchen über die näheren Umstände [...] auf eine Äußerung Adenauers vom 26. März 1953 gestoßen [...] Adenauer sagte zu diesen Vorgängen vor dem Ausschuß für auswärtige Angelegenheiten des Bundesrates: ‚Ich habe mir hier heraussuchen lassen ein Schreiben Schumans vom 7. Mai 1950 ...' Er referierte dann den Inhalt und kam ziemlich zum Schluss auf seine Motive zu sprechen. Darin findet sich folgende, ganz entscheidende Äußerung: ‚Und deshalb, weil ich von Anfang an diesen Standpunkt hatte, habe ich sofort, am selben Abend, als ich diesen Brief bekam' – nämlich den von Schuman – ‚mich hingesetzt und habe dem Herrn' – also Mischlich – ‚einen Brief mitgegeben an Schuman, in dem ich wirklich mit Überzeugung diesen Schritt begrüßt habe.' Dass die Briefübergabe abends stattgefunden hat, hat Adenauer drei Jahre später selbst bestätigt."[73]

Ein offenkundiges Dilemma – Adenauers Memoiren sind die eines Staatsmannes, der sorgfältig Tag für Tag über sein politisches Leben berichtet, und andere Irrtümer in der Datierung von Ereignissen sind nicht bekannt. Dieses Ereignis zumal, das für Adenauer herausragende Bedeutung hatte, wird auf keinen Fall nur nebensächlich behandelt worden sein, als eine Beiläufigkeit, bei der es auf die Details nicht so ankommt – nein, das Zeugnis der „Erinnerungen" muss man ernst nehmen. Aber Briefe falsch datieren? Kann so ein Irrtum passieren? Oder sollte eine der beiden Versionen absichtlich falsch sein, sollten die Briefe, am 9. geschrieben, mit Bedacht vordatiert worden sein? Oder sollte Adenauer sich in seinen Erinnerungen, trotz besten Willens zur genauen Auskunft, im Tag geirrt haben? Aber im letzteren Fall würde der Irrtum nicht nur in der Datierung von

Mischlichs Mitteilung auf den 9. Mai liegen, sondern im gesamten Ablauf der Ereignisse. Es kann nicht so sein, dass die für den Dienstag geschilderten Abläufe schon am Montag stattgefunden hätten – die Kabinettsitzung, in der es um die Aufnahme der Bundesrepublik in den Europarat ging, fand zweifellos am Dienstag, dem 9. Mai statt. Die beiden Ereignisketten – Beratungen im Kabinett und Mischlichs Botschaft – sind ineinander verwoben, was es noch schwerer glaubhaft macht, dass einer der beiden Stränge falsch datiert sein könnte. Und die Briefe? Paul Collowald, entschiedener Anhänger der Mischlich-Chronologie, führt verschiedene Beispiele von irrtümlicher Datierung auch scheinbar zuverlässiger Quellen an, um die Möglichkeit zu illustrieren und die Vermutung zu stützen, dass sei auch im Fall von Adenauers Antwortschreiben an Schuman so gewesen.

Die beiden Briefe Adenauers, unter die Lupe genommen, haben auch kein ganz eindeutiges Schicksal: Adenauer selbst waren die (Kopien seiner eigenen) Original-Briefe offenbar abhandengekommen, zumindest aber das zweite, persönliche Schreiben. Hans Peter Mensing argumentiert, dass Adenauer, als er seine Memoiren schrieb, über die Briefe, die ihm die richtige Datierung der Ereignisse (nach Mensings Ansicht 8. Mai) erlaubt hätten, nicht mehr verfügte. Dafür führt Mensing als Beweis an, dass Adenauer in seinem letzten Schreiben an Robert Schuman, vom 24. Juli 1963, schreibt: „Dieser Brief, der eine so entscheidende Entwicklung für unsere beiden Völker einleitete, ist mir leider abhandengekommen." Mensing unterbricht das Zitat, um zu erläutern: „Erst 1985, in der ‚Rhöndorfer Ausgabe', haben wir diesen entscheidenden *missing link* in die Korrespondenz einfügen können." Dann fährt Mensing mit Adenauers

Worten fort: „Er wird wahrscheinlich in irgendeiner Akte des Auswärtigen Amtes aufbewahrt," (Mensing fügt ein: „Stimmt, dort fand Herr Küsters den Brief") „wo ich ihn trotz längerer Nachforschungen bisher leider nicht finden konnte. Ich möchte Sie daher bitten, sehr geehrter Herr Schuman, mir, wenn es Ihnen möglich ist, eine Abschrift Ihres damaligen Handschreibens zuzusenden."[74] Aber offenkundig spricht Adenauer hier gar nicht von seinem eigenen, sondern von Schumans Brief (der bekanntlich auf den 7. Mai datiert war, was aber wenig aussagt); Mensing verwechselt mithin Adenauers eigenes mit dem Schreiben Schumans; und der Brief, den Hanns Jürgen Küsters dann für die Briefausgabe von 1985 fand, war nicht der, von dem Adenauer hier schreibt, sondern Adenauers *eigener* – allerdings, merkwürdig auch das, scheint dieser Brief ebenfalls verschollen gewesen zu sein, denn sonst würden Küsters und Mensing nicht von einem unverhofften Fund sprechen.

Und Paul Collowald bestätigt, dass der Brief Adenauers merkwürdige Wege gegangen ist, bevor er als historische Quelle auftauchte: Collowalds „Überraschung [war] groß, als ich den Text dieses Briefes [er meint wohl den Brief selbst, nicht nur den Text] in der Vitrine einer Ausstellung in Brüssel sah, die aus Anlass der 30. Jahrestagung der Römischen Verträge organisiert worden war. [...] Auf einmal sah ich in einer Vitrine ein Dokument (Nr. 23), das der Rubrik ‚Der Schuman-Plan' zugeordnet war mit folgender Legende: ‚Handschriftlicher Brief von Adenauer, 8. Mai 1950 (am Vortag der Schuman-Deklaration). Privatsammlung'. Ich schaute mir dies näher an und sah, dass am Ende des deutschen Textes – dessen in Lausanne [in „L'Europe une longue marche"] veröffentlichte französische Übersetzung ich kannte – ein handschriftlicher Satz aus der Feder des Kanzlers hinzugefügt war: ‚Ich werde glücklich sein, wenn diese von mir seit 1925 verfolgten Gedanken zur Wirklichkeit werden.'" Aber Collowald fragt sich sofort: „Was hieß Privatsammlung? Wer war der Besitzer dieses Dokuments?" Er findet heraus, dass es ein deutscher Kollege aus der Europäischen Kommission, in der Zeit Walter Hallsteins, war, Nikolaus von Mach, der ihm, Collowald, erzählt, dass er „Anfang 1965 in der ‚Frankfurter Allgemeinen Zeitung' entdeckt habe, dass in Paris, in der Galerie Drouot, an Robert Schuman adressierte Briefe und andere handschriftliche Dokumente von berühmten Leuten, die der französische Außenminister gesammelt hatte, versteigert werden sollten. Sie wissen sicherlich, dass er unverheiratet war, und nach seinem Tod hatten die Erben die unglückliche Idee, den Schatz zu versilbern." Es stellte sich heraus, dass das von Blankenhorn in „L'Europe, une longue marche" veröffentlichte Dokument „nicht diesen handschriftlichen Zusatz des Kanzlers aufwies. Nun ist das Original, mit dem Zusatz des Kanzlers, in dem schönen Band ‚Un changement d'espérance' abgedruckt. […] Schon zuvor hatte Hanns Jürgen Küsters in seinem Beitrag zu dem Buch ‚Anfänge des Schuman-Plans' darauf in einer Fußnote hingewiesen."[75] Welchen Brief haben Küsters und Mensing für ihre Ausgabe 1985 im Archiv des AA gefunden, entdeckt – wenn denn Collowald das Original zwei Jahre nach dieser Ausgabe bei Gelegenheit einer Ausstellung aus Privatbesitz erstmals sah?! Offensichtlich ‚nur' einen „Durchschlag", wie Küsters selbst sagt: „Der handschriftliche Zusatz Adenauers [den Collowald auf dem Original sah] war auf dem Durchschlag nicht vermerkt. Dieser Durchschlag befand sich in den Akten des Referats 200 des Auswärtigen Amts. Das war das zuständige Referat Europäische Grundsatzfragen. Nach diesem Wortlaut wurde das Schreiben in der ‚Rhöndorfer Ausgabe' veröffentlicht."[76]

Die beiden Briefe Adenauers, das offizielle Schreiben im Namen der Bundesregierung und das persönliche Schreiben an Schuman, haben also unterschiedliche Schicksale erlitten: Beide Schreiben hätten in den Archiven des französischen Außenministerium enden, von beiden hätten Kopien in den Archiven des Auswärtigen Amtes liegen müssen. Stattdessen ist das Original des persönlichen Schreibens mit Schumans Nachlass bei dessen Versteigerung in private Hände gelangt und weicht in dem nicht ganz unwichtigen (Zu-)Satz Adenauers von der Kopie ab, die offenbar erst nach 35 Jahren in den Archiven das AA aufgefunden wurde. Das offizielle Schreiben dagegen weist offenbar keine Besonderheiten auf. Das alles wirft freilich wenig ab für die Datierung – beide Schreiben, das steht nirgendwo in Frage, weisen das Datum 8. Mai auf.

Aus der Analyse dessen, was von Konrad Adenauer verfügbar ist, ergibt sich also folgender Befund:

- Die beiden Briefe sind auf den 8. Mai datiert.
- Drei Jahre nach den Ereignissen spricht Adenauer im Bundesrat ebenfalls davon, dass er am 8. Mai informiert worden sei.
- Terminkalender und Besucherlisten des Bundeskanzlers weisen den Besuch Mischlichs für den 8. Mai aus.
- Dagegen sprechen die „Erinnerungen" eine eindeutige andere Sprache und verweben die Kabinettsitzung, die der

Entscheidung über den Beitritt zum Europarat galt, mit der Ankunft von Robert Mischlich – am 9. Mai.

Der Zeuge Robert Schuman

Bekanntlich hat Robert Schuman keine Memoiren hinterlassen und sein Nachlass ist skandalöserweise von seinen Erben weitgehend verscherbelt worden, so dass nur zufällig das eine oder andere Dokument öffentlich zugänglich ist – wie Adenauers Schreiben mit dessen persönlichem, handschriftlichem Zusatz, das Paul Collowald bei einer Ausstellung entdeckt hat. Schumans einziger Beitrag zu der „Kontroverse um den 9. Mai" ist daher eine Aussage, die er drei Jahre nach den Ereignissen, am 22. und 23. Oktober 1953, im Rahmen zweier Vorträge vor dem Europa-Kolleg Brügge machte, aus Anlass der Gründung des Robert-Schuman-Lehrstuhls und auf Einladung des Rektors, Hendrik Brugmans, selbst einer der herausragenden europäischen Intellektuellen der Zeit, nicht nur Gründer des Europa-Kollegs, sondern auch Vorkämpfer einer europäischen Föderation[77] – und dort erwähnt Schuman nur lapidar und nebensächlich, er habe Adenauer am 8. Mai von seinem Plan unterrichtet: „Vierundzwanzig Stunden vor dem 9. Mai sind die verbündeten Regierungen, so wie auch die bundesdeutsche Regierung, informiert worden. Wir mussten, bevor wir diese Bombe zündeten, wissen, wie das von unseren wichtigsten Partnern aufgenommen werden würde. Für uns war der entscheidende Partner [...] die Bundesregierung, und daher haben wir uns vor dem 9. Mai der prinzipiellen Zustimmung des Bundeskanzlers versichert.

Die anderen Regierungen, die britische, italienische, amerikanische, die der Benelux-Staaten sind vierundzwanzig Stunden vor der Proklamation informiert worden."[78]

Das ist wiederum eine ebenso ungenaue wie unwahrscheinliche und in manchen Teilen jedenfalls unrichtige Darstellung: Die anderen Regierungen wurden gar nicht vorher informiert[79] und auf jeden Fall ist aus Schumans Äußerung nicht erkennbar, in welcher Reihenfolge (zuerst?) der Bundeskanzler und dann (welche?) anderen Regierungen in Kenntnis der Initiative gesetzt worden sein sollen – allein Acheson (zusammen mit Bruce), d. h. die amerikanische Regierung, war tatsächlich, wie geschildert, am Sonntag, dem 7. Mai, mit dem Plan vertraut gemacht worden. Auf welche Weise (telefonisch, schriftlich, durch einen persönlichen Gesandten oder anders) das alles geschehen sein soll, bringt Schuman in dieser bloßen Erwähnung des Ereignisses auch nicht zur Sprache. Vor allem galt ja absolute Geheimhaltung für den Plan bis zur Zustimmung Adenauers und des französischen Kabinetts – und die wurde zweifellos erst am Dienstag, dem 9. Mai, erlangt. Die späte und beiläufige Aussage Schumans ist letztlich im Vergleich zu den expliziten und detaillierten Quellen, die sonst zur Verfügung stehen, zu vage, als dass sie die These, der Bundeskanzler sei am 8. und nicht erst am 9. informiert worden, wirklich stützen könnte.

Telefonate

Man kann sich schließlich noch fragen, ob Telefonate eine Rolle bei der Übermittlung der Informationen gespielt haben, und zwar sowohl bei der Information Adenauers als auch bei der Information Schumans. Clappier – aber an der Zuverlässigkeit seiner Erinnerungen muss man bekanntlich arge Zweifel hegen – erzählt von einem solchen Telefonat: „Am Vormittag des 8. Mai rief Schuman Adenauer an, um ihm anzukündigen, dass einer seiner Mitarbeiter in Bonn erscheinen und ihm eine persönliche Botschaft überbringen werde.“[80] Aber dieser angebliche Anruf, der sonst keine Spuren in den Erinnerungen weder Adenauers noch Blankenhorns oder Mischlichs hinterlassen hat, blieb offenbar folgenlos. Es ist sogar wahrscheinlich, dass er nicht stattgefunden hat, denn Mischlich hätte sich sicher daran erinnert, wenn ihm durch eine solche Ankündigung der Einlass ins Bundeskanzleramt und der Durchmarsch zu Blankenhorn vorbereitet und erleichtert worden wäre.

Von einem zweiten Telefonat berichtet Hans-Peter Schwarz in seiner Adenauer-Biographie, nachdem er die turbulente und konfliktgeladene Kabinettsitzung vom Vormittag des 9. Mai geschildert hat (soweit sie sich aufgrund der wenigen Aufzeichnungen rekonstruieren lässt, aber dazu später noch eingehender). Bezogen auf den Beschluss des Kabinetts, die Einladung an die Bundesrepublik, dem Europarat beizutreten, anzunehmen, schreibt Schwarz: „Jetzt ruft Blankenhorn in Paris an und berichtet von dem positiven Ergebnis der Kabinettsitzung. Bald erfährt Adenauer, dass auch mit dem Schuman-Plan alles gut gelaufen ist.“[81] Einen Beleg für dieses Telefonat führt Schwarz nicht an, weder in Blankenhorns Tagebuch noch in seinem Bericht in „L'Europe, une longue marche“ finden sich Spuren davon. Sehr merkwürdig wäre auch, dass Blankenhorn der Nachricht von der deutschen Bereitschaft, dem Europarat beizutreten, in diesem Moment, wo es doch um das viel entscheidendere Projekt Schumans geht, so viel Priorität eingeräumt haben sollte, dass er deswegen, und nicht wegen des Schuman-Plans, in Paris anruft. Und bei wem, wenn nicht Clappier, hätte er anrufen sollen? Aber auch Clappier erwähnt ein solches Telefonat nicht.

Das dritte Telefonat – wenn denn die beiden bisher erwähnten überhaupt stattgefunden haben – ist bereits genannt und zeitlich sogar sehr genau lokalisiert worden: Es ist der Anruf Mischlichs bei Clappier, am 9. Mai kurz vor 11:45 Uhr (zu diesem Zeitpunkt schaute Mischlich bekanntlich auf die Uhr und stellte fest, dass er seine Mission pünktlich erledigt hatte), der diesem die immer drängendere Ungeduld und Sorge nahm, ob die ersehnte Nachricht aus Bonn noch rechtzeitig vor dem Ende der französischen Kabinettsitzung eintreffen und Schuman endlich in die Lage versetzen würde, die Zustimmung der Regierung zu seinem Plan einzuholen. Aber ob dieses Telefonat stattfand, ob überhaupt Mischlichs Chronologie stimmt, ist ja durch die erwähnten anderslautenden Quellen wieder in Frage gestellt geworden. Und zusätzlich, wie gleich noch zu berichten sein wird, erwähnt auch Mischlich selbst noch ein weiteres, wenn auch weniger entscheidendes Telefonat.

Nachspielzeit: Mischlichs Rückkehr

Schließlich kann man sich noch die Frage stellen, was Mischlich eigentlich gemacht hat, nachdem er seine Aufgabe erledigt hatte. Zwar war damit seine historische Rolle ausgespielt, aber es könnten sich doch Anhaltspunkte dafür ergeben, wann genau er sie zu Ende gespielt hatte. Geben wir zunächst ihm selbst das Wort: „Als ich mich von Konrad Adenauer verabschiedete, fragte er mich mit ausgesuchter Höflichkeit, ob er noch irgendetwas für mich tun könne. ‚Ja, Herr Bundeskanzler', antwortete ich, ‚Sie könnten mir helfen zu verschwinden, ohne in Bonn vom französischen Hochkommissariat und seinen Diensten, die über meine Mission bei Ihnen nicht informiert sind und nichts davon wissen dürfen, erkannt zu werden.' Meine Überlegung amüsierte ihn köstlich, denn er hatte selbst eine starke Neigung zur Geheimdiplomatie. ‚Ich stelle Ihnen einen Chauffeur und einen Wagen zur Verfügung und Sie können sich in aller Ruhe in unserer schönen Umgebung umsehen.' Er fragte mich noch: ‚Kennen Sie Köln?' Da ich verneinte, empfahl er mir angelegentlich, ‚seine' Stadt zu besichtigen, in der er so lange Jahre Bürgermeister gewesen war." Auf der Sightseeing-Tour genießt Mischlich den „majestätischen Rhein", seine „friedlichen Landschaften in voller Blüte" und vergisst nicht zu erwähnen: „Es war der 9. Mai und die Natur war schöner als je zuvor". Aber Mischlich kam ein zweites Mal ins Palais Schaumburg – um die Briefe abzuholen, in denen Adenauer nun nicht nur mündlich, sondern schriftlich, und zwar doppelt: offiziell und persönlich, seine Zustimmung und die seiner Regierung zu Schumans Plan mitteilte. Wenn Mischlich tatsächlich, wie er es so überzeugend authentisch beschreibt, am 9. Mai kurz vor Mittag vom Bundeskanzleramt mit einem Wagen der Bundesregierung inkognito losfuhr und sich die (weitgehend zerstörte) Stadt Köln und den „majestätischen Rhein" ansah, dann kann er nicht eher als am frühen, wahrscheinlicher am späteren Nachmittag wieder im Palais Schaumburg aufgetaucht ein, um die Antwortschreiben Adenauers abzuholen.

Immerhin geht aus Mischlichs Chronologie hervor, dass sich Schuman, als er den Plan in der französischen Regierung durchsetzte, allein auf die mündliche, telefonische Mitteilung verließ, die Mischlich Clappier und Clappier ihm selbst, Schuman, gegeben hatte – über die schriftliche Bestätigung verfügte er noch nicht. Nach Mischlichs Erinnerungen konnte er die Briefe Adenauers – also die schriftliche Bestätigung der bundesdeutschen Zustimmung – seinem Minister noch nicht einmal übergeben, bevor der am nächsten Morgen nach London flog: „Zurück in Paris, konnte ich die beiden Briefe, die der Bundeskanzler an ihn adressiert hatte, nicht an Außenminister Schuman übergeben. Der Minister, wie auch Bernard Clappier, befanden sich schon in London, auf der französisch-englisch-amerikanischen Konferenz."[82] Auch diese Bemerkung Mischlichs, die mit seiner Mission, Adenauers Zustimmung einzuholen, nur noch flüchtig zu tun hat, ist für die Chronologie der Ereignisse wichtig.

Dagegen berichtet Clappier, „Mischlich kam in der Nacht nach Paris zurück" – aber Clappier meint ja die Nacht zuvor, vom 8. auf den 9. Mai! … und fügt hinzu: „Er brachte die positive Antwort des Bundeskanzlers mit." (L'Europe une longue marche, S. 27). Abgesehen von der schon zuvor konstatierten Unsicherheit seiner Erinnerungen kommt es Clappier im Kontext dieses Interviews vor allem darauf an zu versichern, dass niemand *vor dem 8. Mai* von den Plänen in Paris auch nur Wind bekommen habe: „Ich bin der Tatsache absolut sicher, dass keinerlei Nachricht von dem, was sich in der Rue de Martignac [also in Jean Monnets Büro] vorbereitete, nach Bonn drang." Nimmt man also hinzu, dass Clappier hierauf, nicht auf das genaue Datum oder gar die Uhrzeit von Mischlichs Rückkehr, Wert legt, dann wird seine Aussage, letzterer sei „dans la nuit“, „in der Nacht“ (auf den 9. Mai) zurückgekommen, noch einmal weniger zuverlässig. Zusätzlich entkräftet Clappier diese Zeitangabe selbst, indem er Monnet und Collowald von seiner drängenden Unruhe am nächsten Vormittag erzählt, als er händeringend auf die Antwort aus Bonn wartete – wäre Mischlich mit den Briefen „in der Nacht“ zurückgekommen, hätte Clappier sich entspannt zurücklehnen können.[83]

Der Zeuge Armand Bérard

Eine bisher unbeachtete Randbemerkung Mischlichs könnte sich als der Schlüssel zur Lösung der Rätsel erweisen: „Bevor ich nach Paris zurückkehrte“, schreibt er, „rief ich Armand Bérard an, unseren Stellvertretenden Hochkommissar in Deutschland, um ihn kurz und bündig über meine Mission zu informieren. Da niemand im Hochkommissariat von meiner Gegenwart in Bonn wusste, hielt ich es für ein Gebot der Höflichkeit, ihn zu grüßen, bevor ich den deutschen Boden verließ, und sei es nur per Telefon. Jedenfalls lag in dieser Mitteilung an den hochgeschätzten Botschafter keinerlei Ungehörigkeit oder Provokation. Ich glaube auch, dass Armand Bérard das so richtig verstanden hat.“[84] Wenn dieses Telefonat ein Echo in den Erinnerungen Armand Bérards hinterlassen hat, dann müsste sich daraus erkennen lassen, wann genau Mischlich Bonn verlassen hat – noch am Abend des 8. Mai, in der Nacht, oder doch erst am späteren Nachmittag des 9. Mai?

Tatsächlich hat Armand Bérard Memoiren und Tagebuchaufzeichnungen hinterlassen, sogar in drei voluminösen Bänden, die seinen Weg über die verschiedenen diplomatischen Stationen, u. a. in Berlin vor dem Krieg, in Washington und dann in Bonn (bzw. in Remagen und Koblenz, am Sitz des französischen Hochkommissariats) nachzeichnen. Noch besser, in einer Tagebuchnotiz erwähnt er tatsächlich den Anruf Mischlichs – und doch wird in genau dieser Notiz die Hoffnung auf eine endgültige Klärung der Chronologie der Ereignisse wieder zunichte gemacht: „Dienstag, 9. Mai. [...] Mischlich hat mich angerufen, bevor er nach Paris zurückgefahren ist. Er hat heute morgen den Bundeskanzler wiedergesehen, der ihm zwei Briefe übergeben hat, einen persönlichen und einen offiziellen an Schuman. Im Hochkommissariat wusste niemand von seiner Gegenwart in Bonn." Daraus ergibt sich in einem Detail Klarheit: Die Rückkehr Mischlichs ist nun zeitlich mit ziemlicher Sicherheit lokalisierbar, die Angaben stimmen in dieser Hinsicht mit seinen eigenen überein – er ist am Nachmittag oder Abend zurückgefahren und konnte demnach nicht vor dem Morgen des 10. Mai in Paris, im Außenministerium, eintreffen; zu spät, um Schuman, der schon auf dem Weg nach London war, die Briefe Adenauers persönlich auszuhändigen.

Dagegen wird das Rätsel um die viel wichtigere Frage, wann Mischlich Adenauer getroffen und wann er dessen Zustimmung zum Plan seines Ministers nach Paris melden konnte, immer verwirrender: „*wieder*gesehen" habe Mischlich Adenauer (im französischen Wortlaut: „Il a revu ce matin le chancelier") am Morgen des 9. Mai – wann sollte er ihn dann zum ersten Mal gesehen haben? Doch am Tag zuvor? Die Verwirrung steigert sich, wenn man die weiteren Äußerungen Bérards hinzunimmt. Der behauptet nämlich, am Montag, dem 8. Mai, auch in Paris gewesen zu sein und schon an diesem Montag von Clappier über Schumans Plan informiert worden zu sein: „Montag, 8. Mai. Vor meiner Abreise aus Paris hat mich Clappier über die Erklärung informiert, die Schuman morgen um 6 Uhr abends abgeben werde, um die Vergemeinschaftung der französischen und deutschen Kohle- und Stahlindustrie vorzuschlagen. Acheson, dem man an diesem Morgen davon erzählt habe, sei nach einem Moment des Zögerns davon begeistert gewesen. Baudet, unser Staatssekretär [„ministre conseiller"] in London, ist für diesen Abend nach Paris bestellt worden; ihm ist der Text der Erklärung übergeben worden, die er morgen Vormittag zusammen mit Massigli an Bevin übergeben wird. Ich nehme selbst einen Text mit, der morgen telefonisch vor der Kabinettsitzung korrigiert wird und den ich für den Bundeskanzler bereithalte. Clappier hatte mir schon vor anderthalb Monaten ein Wort über das Projekt gesagt, das Jean Monnet konzipierte." Das ist allerdings höchst erstaunlich, denn bisher galt als sicher, dass im Hochkommissariat vor dem 9. Mai nicht nur die Mission Mischlichs, sondern umso mehr auch der Schuman-Plan selbst unbekannt war.

Und Bérard wartet mit weiteren Details zum Ablauf der Ereignisse auf: Am 9. Mai, „zurück [aus Paris] in Remagen [an seinem Amtssitz] rufe ich mittags Clappier an. Er hat mir den definitiven Text für fünf Uhr versprochen und ist damit einverstanden, dass ich eine Pressekonferenz zur gleichen Zeit einberufe wie Schuman." Nach Mischlichs Anruf „bestellte ich Blankenhorn für 3 Uhr zu mir. Er erzählt mir, der Kanzler sei außer sich vor Freude. Zusätzlich zu seinen beiden Briefen hat er gerade auch noch ein Telegramm an Schuman geschickt. Blankenhorn fragte Mischlich sofort, ob de Dreesen informiert sei. Aus seiner verneinenden Antwort entnahm Adenauer, dass es sich um einen persönlichen Vorstoß handelte, den Schuman ihm gegenüber machte, und damit um einen Triumph der Politik über den diplomatischen Dienst: Der Quai d'Orsay [d.h. die französische Diplomatie, nicht Schuman selbst!] war also für alle die Spannungen der vergangenen Wochen verantwortlich. Schließlich habe sich des Kanzlers Strategie von Forderungen und Protesten als gerechtfertigt erwiesen, da sie solche Früchte getragen habe. Blankenhorn bat mich, meine Pressekonferenz nicht früher als Adenauer abzuhalten. Letzterer möchte gegenüber dem deutschen Volk das Vorrecht haben, die Neuigkeit als erster zu verkünden. Er bittet darum, dass ich ihm den Text der Schuman-Erklärung überstelle, sobald ich ihn erhalte. Er zögert seine Pressekonferenz solange hinaus, um sich dessen bedienen zu können. Ich füge mich und sage die Pressekonferenz ab, die ich für 18.30 Uhr einberufen hatte. Außerdem hätte ich eigentlich darauf bestehen müssen, dass es sich da um ein Angebot handelte, das dem ganzen deutschen Volk ohne Unterschiede und Parteizugehörigkeit galt und nicht dem Bundeskanzler persönlich. Aber es wäre ungeschickt gewesen, seiner Freude durch eine solche kalte Dusche Abbruch zu tun und in dieser heiteren Atmosphäre neue Wolken zu provozieren."[85]

Es führt kein Weg daran vorbei: Armand Bérard macht eine eigene Chronologie der Ereignisse um den 8./9. Mai auf, die von allen anderen abweicht. Wenn Mischlich den Bundeskanzler am Morgen des 9. Mai „wiedergesehen" hat, um dessen

Briefe an Schuman in Empfang zu nehmen, dann ist darin die Behauptung impliziert, dass er ihn am Vortag bereits gesehen und seine Botschaft überbracht hatte. Wann er Adenauers mündliche Antwort auf Schumans Plan erhielt und nach Paris melden konnte – ob gleich bei der ersten Begegnung am 8. Mai oder erst bei der Übergabe der Antwortschreiben am 9. Mai – geht aus Bérards Notizen nicht eindeutig hervor. Allerdings hängt die Abweichung der Chronologie Bérards von der, die Monnet und Mischlich selbst geben, allein von einem Wort ab: „*wieder*gesehen".

Ganz neu allerdings ist Bérards Behauptung, zumindest er selbst, aber damit doch auch das Hochkommissariat als Institution, sei über den Plan früher informiert gewesen als Adenauer durch Mischlich.

Bilanz der Enquête

Es ist unbefriedigend: Ein eindeutiges Urteil kann man nach all diesen widersprüchlichen Zeugenaussagen nicht fällen – ob Adenauer schon am 8. oder doch erst am 9. Mai informiert wurde, ob Schuman schon bei Beginn der Kabinettsitzung am 9. oder erst kurz vor ihrem Ende von Adenauers Zustimmung erfuhr, ist aufgrund der heute vorliegenden, so oft hin und her gewandten Quellen nicht mit Sicherheit zu entscheiden. Für das frühere Datum sprechen vor allem die Tagebuchaufzeichnungen Blankenhorns und die Datierung der Antwortbriefe Adenauers an Schuman, neben Schumans Auskünften bei seiner Rede in Brüssel – für das spätere die Memoiren Adenauers und Jean Monnets und vor allem der detaillierte Bericht Mischlichs. Die unsicheren Erinnerungen Clappiers (die mal die eine, mal die andere Hypothese stützen) und die eher indirekten Informationen Bérards können die Kontroverse nicht entscheiden. Aber eine der beiden Chronologien muss falsch, nur eine kann richtig sein!

Wenn die „Hypothese 9. Mai“ richtig sein sollte, dann müssten sowohl Blankenhorn als auch Adenauer bei der Datierung ihrer Tagebucheinträge respektive Briefe derselbe Datierungsfehler unterlaufen sein – höchst unwahrscheinlich, dass eine solche zufällige Fehlerkoinzidenz auftritt, allerdings auch nicht völlig auszuschließen. Oder sie haben beide absichtlich das falsche Datum, den 8. Mai, als Moment der Information des Bundeskanzlers der Nachwelt hinterlassen wollen – warum sollten sie das getan haben? Ein Motiv könnte sein – und dasselbe Motiv lässt sich bei Schumans drei Jahre später in Brügge erhobenen Behauptung vermuten –, die Kommunikation des so wichtigen Ereignisses weniger dramatisch, weniger improvisiert, weniger zufällig, sondern vielmehr professioneller, besser geplant, geordneter, (etwas) besser den diplomatischen Gepflogenheiten entsprechend darzustellen. Den Bundeskanzler erst in fast wörtlich letzter Minute zu informieren, alles auf diesen Moment ankommen zu lassen, das Scheitern des ganzen Projekts von einem Telefonat in der letzten verbleibenden Viertelstunde abhängig zu machen, das kann in der Tat als unverantwortliches Vabanquespiel erscheinen und könnte aus diesem Grunde von Adenauer wie von Schuman absichtlich aus dem historischen Gedächtnis eliminiert worden sein, durch die Rückdatierung der Antwortbriefe, für die es zumal dadurch Anlass gab, als Schumans Brief auf den 7. Mai datiert war. Natürlich kann es auch so gewesen sein, dass dieses Motiv Adenauers für die Datierung der Briefe verantwortlich ist, während sich Blankenhorn in seinem Tagebucheintrag im Datum bloß unabsichtlich geirrt hat. Ein Indiz dafür könnte die von jeder Bezeugung unabhängige Tatsache sein, dass Mischlich aufgrund der Zugverbindungen zwischen Paris und Bonn gar nicht zu der Zeit in Bonn sein *konnte*, die Blankenhorn als sein Ankunftsdatum angibt: am 8. Mai gegen Mittag. Blankenhorns Tagebucheintrag ist mit den materiellen, den physischen Möglichkeiten, die Mischlich hatte, nicht in Einklang zu bringen. Und wann genau Blankenhorn den Eintrag in sein Tagebuch geschrieben hat, ist schließlich auch nicht ganz klar; der Text klingt wie ein zusammenfassender Rückblick – nach einigen Tagen? ... oder Wochen? Armand Bérard, der in einer ähnlichen Lage war, und auf ähnliche Weise Nachrichten, Notizen hinterlassen hat, und der als einziger von der Vorab-Information an das Hochkommissariat berichtet, hätte mit genaueren Angaben die Fragen klären können; aber seine Erinnerungen sind nur bezüglich der Rückkehr Mischlichs nach Paris – Abreise am frühen Nachmittag des 9. Mai, jedenfalls vor 15 Uhr – genau. Immerhin lässt sich feststellen, dass die ‚Hypothese 8. Mai' gerade von denjenigen gestützt wird, die aus diplomatischen Gründen ein Interesse daran gehabt haben können, den ganzen Vorgang etwas professioneller aussehen zu lassen, als er tatsächlich war, während diejenigen, die solche Rücksichten nicht zu nehmen hatten und deshalb unbefangen den wirklichen Hergang der Ereignisse schildern konnten (dazu gehörte dann viel später auch Adenauer selbst, als er seine Memoiren schrieb), die ‚Hypothese 9. Mai' stützen.

Sollte dennoch die Hypothese ‚8. Mai' richtig sein, dann müssten sowohl Adenauers als auch Monnets und vor allem die Erinnerungen Mischlichs gleichermaßen falsch sein. Adenauer kommt zwar nur kurz auf die Ankunft Mischlichs zu sprechen, aber doch mit großer Präzision: Ist es denkbar, dass er sich in einem so wichtigen Moment – als es um die Entscheidung über den Beitritt der Bundesrepublik zum Europarat und, mehr noch, um die für ihn selbst so überragend wichtige, emotional wie politisch lebensentscheidende Weichenstellung zugunsten europäischer Einigung handelt! – in der Abfolge der Ereignisse irrt, zumal diese beiden Ereignisse – Europarats-Entscheidung und Schuman-Plan – so miteinander verwoben waren? „Ich wusste am Morgen noch nicht, dass der Tag eine bedeutende Wendung in der europäischen Entwicklung bringen würde", schreibt er, und setzt fort: „Während der Beratungen im Kabinett kam die Mitteilung, dass ein Abgesandter des französischen Außenministers Schuman mir eine dringende Mitteilung zu machen habe." Eine sehr präzise Erinnerung an den Ablauf der Ereignisse – die aufs Genaueste mit der von Mischlich übereinstimmt, und dessen Erinnerungen an seine Bonner Mission sind derart detailreich und lesen sich so authentisch, dass es schon höchst erstaunlich wäre, wenn er das alles erfunden hätte. Denn wenn das, was Mischlich schreibt, falsch ist, dann kann es sich dabei nicht bloß um einen Irrtum handeln, dazu ist seine ganze Geschichte viel zu reich an praktischen und atmosphärischen Einzelheiten – er müsste sie mit einer wahrhaft dichterischen Phantasie erfunden, die wahre Geschichte absichtlich gefälscht haben. Könnte es dennoch auch dafür Gründe und Motive gegeben haben?

Sollte Mischlich etwa deswegen seine Geschichte so erfunden haben, damit die Historie ihm eine „James-Bond"-Rolle zuerkennt, die er ansonsten nicht gehabt hätte? Und sollte sich Adenauer doch mit seiner so präzisen Erinnerung an den Morgen des 9. Mai geirrt haben? Aber was ist dann schließlich mit Jean Monnet, der ja auch nah am Geschehen war, in Paris, und der den doch auch für ihn äußerst wichtigen Moment bestätigt, in dem Mischlichs Anruf bei Clappier kam, nämlich am 9. Mai, Viertel vor Zwölf?

Beide Varianten der Geschichte sehen, für sich genommen, authentisch und unbezweifelbar aus – wenn sie nicht durch ebenso authentische und kaum zu bezweifelnde Gegendarstellungen in Frage gestellt würden: Ein echtes Dilemma! Wodurch ließe es sich auflösen? Sind womöglich Quellen noch vorhanden, die die Entscheidung bringen könnten? Ist eine Untersuchung der Datierung von Adenauers Briefen, sozusagen mit kriminalistischen Mitteln, möglich? Gibt es weitere Indizien für irrtümliche Tagebucheinträge Blankenhorns? Mischlichs Äußerungen in seinen Erinnerungen stehen allein da, andere – mit denen man sie im Hinblick auf ihre Glaubwürdigkeit vergleichen könnte – sind nicht vorhanden. Haben andere Personen Zeugnisse hinterlassen, Personen, die gewöhnlich als unwichtige Randerscheinungen gar nicht in den Blick genommen werden – Jean Monnets Sekretärin Suzanne Miguez, die, wie erwähnt, natürlich den Plan auch kannte (nachdem sie ihn mindestens neun Mal in immer neuen Versionen getippt hatte) und die nicht unter die Eingeweihten gezählt wurde, ist ein Beispiel. Adenauers Sekretärin hat seine Antwortschreiben an Schuman getippt – hat sie Erinnerungen an das Datum? Ist ihr aufgetragen worden, die Briefe zurückzudatieren? Aber darüber hat wohl niemand Aufzeichnungen hinterlassen.[86]

Schließlich muss man auch noch einmal die Kabinettsitzung am 9. Mai befragen – nach Hans-Peter Schwarz gibt es dafür nur zwei Aufzeichnungen, von Blankenhorn und von Hans-Christoph Seebohm, Bundesverkehrsminister von 1949 bis 1966. Besonders aus den Erinnerungen Seebohms geht hervor, dass diesmal die Auseinandersetzung im Kabinett turbulent war[87], dass zwei andere Minister, Jakob Kaiser und Gustav Heinemann, dem Plädoyer des Kanzlers zugunsten des Beitritts zum Europarat widersprechen, ja „die Auseinandersetzungen werden […] so heftig, dass sich die CDU-Minister zu einer gesonderten Beratung zurückziehen."[88] Sollte dies das Zeitfenster sein, durch das Mischlich blickte, als es ihm gelang, nach eigener Auskunft (bestätigt von Adenauer selbst), die Kabinettsitzung zugunsten seines Anliegens zu unterbrechen? Diese Unterbrechung der Kabinettsitzung ist doch genau das ‚window of opportunity', das die Berichte über den Verlauf der Sitzung mit dem Bericht Mischlichs verbindet, kompatibel machte, ja Mischlichs unwahrscheinlichen Erfolg, die Kabinettsitzung eigens für ihn unterbrechen zu lassen, viel plausibler macht – sie musste gar nicht extra unterbrochen werden, sie war ohnehin unterbrochen, weil Kaiser und Heinemann sich separat beraten wollten!

Kein Wort jedenfalls zum Schuman-Plan an diesem Vormittag im Bundeskabinett – und das, obwohl „Europa" das Thema war. Ist es denkbar – und wenn ja, welche Motive könnten dafür ausschlaggebend gewesen sein –, dass Adenauer schon seit dem Vorabend von Schumans Plan wusste, ja ihm schon schriftlich geantwortet hatte – und nun das Bundeskabinett mit keinem Wort darüber informierte? Dabei hätte der Plan Schumans entscheidend dazu beitragen können, sein Engagement für den Beitritt zum Europarat zu unterstützen und zu rechtfertigen, war doch in diesem Plan für eine Europäische Gemeinschaft für Kohle und Stahl das entscheidende Gegenargument – die unsichere Zukunft des Saarlandes – praktisch entkräftet.[89] Hätte Adenauer nicht von diesem starken Argument Gebrauch gemacht, um die heftige Kontroverse im Kabinett zu seinen Gunsten zu entscheiden? Dass er es nicht tat, ist ein weiteres Indiz (aber, wohlgemerkt, kein Beweis!) für die These, dass er doch erst im Laufe der Kabinettsitzung von Schumans Plan Kenntnis erhielt. Dass dann die verbleibende Zeit im Kabinett zu kurz war, um diese neue Entwicklung zu thematisieren, ist eher plausibel, zumal, nach Seebohms Erinnerungen, Kaiser und Heinemann inzwischen resigniert und dem Beitritt zum Europarat zugestimmt hatten.

Und ähnlich Schuman, auch wenn in seinem Fall die Indizien nicht ganz so eindeutig für die These der späten, „dramatischen" Chronologie sprechen. Dass der französische Außenminister erst gegen Ende der Kabinettsitzung von seinem Plan sprechen wollte, kann auch Taktik gewesen sein – davon war schließlich schon vorher eine hohe Dosis im Spiel gewesen. Aber dennoch: Wenn er schon am Vorabend von Adenauers Zustimmung erfahren hätte, wäre die Kabinettsitzung in geordneten Formen zu Ende gegangen – weder hätten Clappier und Monnet so unruhig sein, noch hätte es zu dem mysteriösen Fehlalarm gegen Mittag kommen müssen, als, nach Clappiers unsicherer Erinnerung, eine kaum erklärliche Pause gemacht wurde und

Schuman erst danach um die offizielle Zustimmung zu seinem Plan bitten konnte. Aber gibt es Aufzeichnungen aus dieser Sitzung der französischen Regierung, analog zu denen von Blankenhorn und Seebohm? Bisher wird dergleichen nirgends erwähnt. Schlummern vielleicht andere, ebenso vernachlässigte Indizien oder gar Beweise wie die verlorenen Erinnerungen von Sekretärinnen in Archiven das französischen Außenministeriums? Eine Fahrkarte Mischlichs, in seiner Reisekosten-Abrechnung, die seine Bonn-Reise einwandfrei belegt, wäre ein sensationeller Fund … aber dergleichen wird nicht siebzig Jahre lang aufbewahrt. Es bleibt – vorerst – dabei: Zwischen den beiden Hypothesen „8. Mai" und „9. Mai" gibt es keine eindeutige, endgültige Entscheidung.[90] Allerdings spricht doch, bei Abwägung aller Quellen und Argumente, paradoxerweise mehr für die unwahrscheinliche, die dramatische, für die „Hypothese 9. Mai", und zwar gerade weil sie so dramatisch und diplomatisch riskant war – dies genau könnte der Grund dafür sein, dass sie von einigen der Akteure verschleiert wurde.

V.
Schumans Rede

Jedenfalls: Um 18 Uhr war es soweit – der französische Außenminister verkündete vor vollem Saal seinen Plan für die Europäische Gemeinschaft für Kohle und Stahl. Höchste Priorität erhielt in Schumans Rede der Frieden – das erste Wort der Erklärung ist „la Paix“, der Friede. Das Projekt sollte also in allererster Linie der Friedenssicherung dienen, alles andere war Funktion dieses übergeordneten Ziels[91]. Das haben Schuman und Monnet sofort und immer wieder, zuallererst gegenüber Adenauer, hervorgehoben.

Der zweite Gedanke betrifft die Methode: Schritt für Schritt solle Europa geeint werden, nicht auf einmal, nicht in allen Feldern zugleich: „Europa wird nicht auf einen Schlag geschaffen, nicht durch eine Gesamtkonstruktion: Europa wird durch konkrete Realisierungen gelingen, die zunächst eine tatsächliche Solidarität schaffen.“ Das war die Lehre aus den gescheiterten großen Projekten der unmittelbaren Nachkriegszeit – Churchills Plan der Vereinigten Staaten von Europa, den Projekten der Euro-Föderalisten für eine gesamteuropäische Föderation. Sie hatten sich als nicht umsetzbar erwiesen, die Ohnmacht des Europarates war der letzte Beweis dafür.

Soweit die Ziele und die Methoden – auf dieser Grundlage schlägt die französische Regierung, so fährt Schuman fort, folgende Schritte vor:

Die gesamte deutsch-französische Kohle- und Stahlproduktion soll unter eine gemeinsame „Hohe Behörde“ (eine „Haute

Autorité commune“) gestellt werden, die für die Teilnahme anderer europäischer Länder offen ist. Damit würden unverzüglich die gemeinsamen Grundlagen für die wirtschaftliche Entwicklung geschaffen, die ihrerseits die erste Etappe auf dem Weg zur Europäischen Föderation ist. Es handelt sich folglich bei der Schritt-für-Schritt-Methode um eine dreistufige Schrittfolge: (1) die ‚Vergemeinschaftung‘ von Kohle und Stahl ist (nur) der erste , (2) die (gesamt-)wirtschaftliche Entwicklung die zweite und (3) die (politische) Europäische Föderation der dritte Schritt. Mit anderen Worten: Das hehre Ziel der Big-Bang-Projekte aus den Nachkriegsjahren wird keineswegs aufgegeben, es soll im Gegenteil durch eine realistischere Methode umso sicherer verfolgt und erreicht werden.

Nach diesem summarischen Exposé der Ziele, Methoden und Schritte kommt Schuman bereits wieder auf die Friedenssicherung zurück, dem übergeordneten politischen Ziel: Die „Solidarität der Produktion“ beider Länder führe dazu, dass „jedweder Krieg zwischen Frankreich und Deutschland nicht nur undenkbar, sondern materiell unmöglich“ gemacht werde. Dann wiederholt er die gewünschte Schrittfolge: Diese Produktionsgemeinschaft soll die Grundlagen für die wirtschaftliche Vereinigung der beteiligten Länder einleiten.

Mehrfach wird über Frankreich und Deutschland hinausgedacht, andere Länder werden zur Teilnahme eingeladen und sogar „die Entwicklung des afrikanischen Kontinents“ zum Ziel gemeinschaftlicher europäischer Politik erklärt.

Und noch einmal wird betont, dass die „Fusion der Interessen“ das „Ferment einer größeren und vertieften Gemeinschaft“ sein werde (darin klingen „Erweiterung und Vertiefung“

als Entwicklungslinien an!), die für lange Zeit in „blutiger Entzweiung" gelebt hätten – eine weitere Erinnerung an die friedenssichernde Zielstellung. Diese kommt nochmals zum Ausdruck, als Schuman davon spricht, dass die Entscheidungen der „Hohen Behörde" für Frankreich, Deutschland und alle anderen teilnehmenden Länder bindend sein sollen, und damit die konkreten Grundlagen für die Europäische Föderation gelegt werden solle, die „für die Friedenssicherung unabdingbar" sei.

Dies seien die Voraussetzungen für die Verhandlungen, zu denen die französische Regierung einlädt – nach etwa der Hälfte des Textes wird es jetzt etwas technischer. Es folgt die Beschreibung der Aufgaben, die die Hohe Behörde zwecks Zusammenführung der Märkte für Kohle und Stahl zu übernehmen hätte, also z. B. die Modernisierung der Produktion, aber auch die Angleichung der Arbeitsbedingungen – neben der Wachstumsorientierung steht eine soziale Dimension. Es folgt ein Blick auf Übergangsbestimmungen, Preispolitik, Zollvorschriften etc.

Dann wendet sich Schuman juristischen und institutionellen Vorschläge zu: Das alles solle durch einen Vertrag geregelt werden. Es solle ein Schiedsgericht geben, das die Umsetzung des Vertrages begleite. Die Hohe Behörde solle von unabhängigen Persönlichkeiten besetzt werden, die von den nationalen Regierungen ausgewählt werden. Es soll ein Einspruchsrecht gegen die Entscheidungen der Hohen Behörde geben. Ein Repräsentant der UNO solle dieser zweimal jährlich über die neue Gemeinschaft Bericht erstatten. Schließlich wird hinzugefügt, dass das Eigentumsrecht der Unternehmen nicht eingeschränkt werde und dass die Hohe Behörde natürlich zunächst alle die Bestimmungen und die jeweiligen Entscheidungsbefugnisse zu respektieren hätte, die durch das weiter bestehende Besatzungsstatut für die Bundesrepublik bestünden.

Der ganze Text ist nicht länger als zwei Seiten (in der getippten Fassung von Suzanne Miguez waren es viereinhalb), ihn zu verlesen wird keine zehn Minuten gedauert haben. Die Pressekonferenz dauerte nicht lange. Eine Anekdote am Rande: In vielen bebilderten Darstellungen der Ereignisse und auf vielen Webseiten findet man die historischen Fotos von Schuman, wie er vor der versammelten Pariser Medienwelt in der ‚Salle d'Horloge', dem ‚Uhrensaal' des französischen Außenministerium am Quai d'Orsay, seine berühmt gewordene Erklärung verliest, und sogar ein kurzes, kaum eineinhalbminütiges Video existiert von diesem historischen Ereignis – aber alle diese Fotos und das Video sind ‚gefälscht', milder gesagt: nachgestellt …: „In der Eile hatte man vergessen, die Photographen und das Radio einzuladen – so dass Schuman sich Monate später dazu bequemen musste, die Pressekonferenz nachzuspielen, damit die Nachwelt das Bild davon in Erinnerung behalten konnte." Dennoch war die Sensation perfekt. Die über zweihundert Journalisten waren, obwohl irgendetwas von der Art doch seit Wochen in der Luft gelegen hatte, perplex. Einer von ihnen fragte noch beim Verlassen des Ministeriums Schuman: „Herr Minister, aber das ist ja ein Sprung ins Ungewisse!?" („un saut dans l'inconnu") – Schumans Antwort ließ nichts an Ehrlichkeit vermissen: „Ja, Sie haben völlig Recht, es ist ein Sprung ins Ungewisse."[92] Ein Sprung über den eigenen Schatten der nationalstaatlichen Souveränität, ein Sprung über den ebenso langen Schatten der ‚Erbfeindschaft' mit den Deutschen – eine Mutprobe von historischen Ausmaßen.

Zwei Stunden nach Schuman gab Adenauer in Bonn seine Pressekonferenz; er hatte Schuman den Vortritt gelassen, aber nun war seine eigene Deutung der Ereignisse an der Reihe, nun konnte er die deutsche Öffentlichkeit zu überraschen. Es mag erstaunen, dass er zunächst ausführlich auf die Entscheidung des Kabinetts eingeht, der Einladung an die Bundesrepublik zum Beitritt zum Europarat nachzukommen – eine Entscheidung, die umstritten war, weil zugleich das Saarland, das ja zu dieser Zeit unter französischem Einfluss stand und nicht der Bundesrepublik angehörte[93], beitreten sollte und manche in der Bundesrepublik darin ein Zeichen dafür sahen, dass mit diesem Schritt die Abtrennung des Saarlandes definitiv vollzogen werden und von der Bundesrepublik implizit anerkannt würde. Aber Adenauer sah die Dinge in einem größeren Zusammenhang und drängte auf die deutsche Mitgliedschaft im Europarat, weil er darin einen Weg zur Anerkennung der Bundesrepublik als gleichberechtigtes Mitglied der (westlichen) Staatengemeinschaft sah, als Weg in eine europäische Politik der Verständigung und des gegenseitigen Vertrauens, die nach seiner Überzeugung eine Voraussetzung dafür war, dass auch der Konflikt um das Saarland, um die Kontrolle des Ruhrgebietes, um das Besatzungsstatut insgesamt gelöst werden konnte. Noch war die Hoffnung auf eine integrierende Rolle des Europarates nicht erloschen: Adenauer war zu diesem Zeitpunkt noch überzeugt, dass „das Ziel der Entwicklung des Europarates nur eins sein [kann und muss]: Ein föderatives Europa zu schaffen, das ein eminent friedlicher Faktor in der Welt sein muß." Deshalb müsse man nach seiner Meinung, „doch diese beiden Beschlüsse [den zum Europarat und den zum Schuman-Plan] in ihren Zusammenhängen betrachten und untersuchen".

Allerdings betont er auch, dass es kein Junktim zwischen den beiden von Frankreich ausgesprochenen Einladungen gab: „Es sind keine Verhandlungen vorausgegangen, insbesondere ist der Beschluß des französischen Kabinetts [zum Schuman-Plan] nicht für uns die Veranlassung gewesen, dem Bundestag zu empfehlen, der Einladung in den Europarat Folge zu leisten." Und diese chronologisch relevante Bemerkung wiederholt Adenauer, nachdem er Schumans Plan in voller Länge verlesen hat: „Ich darf nochmals betonen, was ich eingangs sagte, daß wir bei unserem Vorschlag an den Bundestag nichts hiervon gewußt haben, so daß also nicht etwa wir durch diesen Vorschlag der französischen Regierung dazu bewogen worden sind, diese Empfehlung zu beschließen." Daraus lässt sich eben auch noch einmal ein Beitrag zur Frage der Chronologie entnehmen: Adenauer gehörte nicht zu den Eingeweihten, die den Plan erarbeiteten, und die am selben Vormittag getroffene Entscheidung des Kabinetts, dem Europarat beizutreten, sei nicht von der Information über den Schuman-Plan beeinflusst worden – daraus kann man, ja muss man schließen, dass Adenauer zumindest behauptet, noch am Morgen, bei der Beschlussfassung über den Europaratsbeitritt, noch nichts von Schumans Plan gewusst zu haben, dass Mischlich also tatsächlich erst am späteren Vormittag erstmals im Kanzleramt erschien. Adenauer spricht von einem „unerwarteten Ereignis". Aber wichtiger ist jetzt die sachliche Verknüpfung zwischen Europarat und Europäischer Gemeinschaft (für Kohle und Stahl).

Denn dann kommt Adenauer auf den Schuman-Vorschlag zu sprechen, den folgendermaßen qualifiziert: „Er ist zweifellos von der denkbar größten Bedeutung für die Beziehungen zwischen Deutschland und Frankreich und für die ganze europäische Entwicklung. [...] Das ist, meine Damen und Herren, ein so eminent wichtiger Fortschritt in den deutsch-französischen Beziehungen, der dadurch eingeleitet wird, daß man ihn nicht nachdrücklich genug unterstreichen kann." Und noch einmal geht Adenauer auf die Chronologie der Ereignisse ein, nicht ohne List: „Unser Kabinett hat sich noch nicht damit beschäftigen können, weil ja erst in den Abendstunden dieser Beschluß des französischen Kabinetts, der heute vormittag gefaßt worden ist, der Öffentlichkeit mitgeteilt worden ist. Ich habe diese amtliche Mitteilung bekommen vor stark einer Stunde." Nehmen wir ihn beim Wort: Er sagt, das Kabinett habe sich mit dem Schuman-Plan – ganz genau: mit dem entsprechenden Beschluss des französischen Kabinetts – noch nicht befassen können, weil ja die Nachricht davon erst vor einer Stunde eingetroffen sei – „ganz genau" genommen stimmt das, aber natürlich hätte sich das Kabinett zwar nicht mit dem Beschluss der französischen Regierung, wohl aber mit dem Plan schon am Vormittag beschäftigen können. Der Hinweis darauf, dass der *Beschluss in Paris* und vor allem die Information darüber zu spät für eine Diskussion im Bonner Kabinett kam, ist eine Ausrede dafür, dass Adenauer, wohl wissend, was und wann das in Paris beschlossen werden würde, dies dem Kabinett nicht mitgeteilt, sondern im Alleingang seine Zustimmung gegeben hatte.

Jedenfalls bindet Adenauer beides, Europarat und Kohle-und-Stahl-Gemeinschaft, noch einmal zusammen unter dem

Gesichtspunkt eines europäischen Integrationsweges mit föderalem Endziel: „[W]enn Sie das Dokument [Schumans Erklärung, die er zuvor in voller Länge verlesen hatte] noch einmal in Ruhe durchlesen, werden Sie daraus ersehen, daß an sehr vielen Stellen Bezug genommen ist auf das zu schaffende Europa und auf die europäische Föderation und daß daher diese beiden Beschlüsse, die heute gefaßt worden sind in Bonn und Paris, doch in einem inneren, in einem organischen Zusammenhang stehen."[94]

Jean Monnet resümiert an diesem Abend: „Alles war in wenigen Stunden auf den Punkt gebracht worden, und nun im Licht der Öffentlichkeit, von zwei Männern, die so mutig gewesen waren, allein die Zukunft ihrer Länder zusammen zu binden."[95]

VI.
Nach dem 9. Mai

Der 10. Mai …

Am folgenden Tag musste Schuman in London seinen Plan vor dem britischen und dem amerikanischen Kollegen vertreten. Acheson war bekanntlich eingeweiht, aber Ernest Bevin, der britische Außenminister, hatte erst nach dem Beschluss der französischen Regierung am Vortag von dem Plan erfahren – und war entsprechend aufgebracht. Aber nicht nur deshalb: Der ganze Ansatz lief den britischen Vorstellungen über die Neuordnung der europäischen Verhältnisse zuwider. Ein supranationaler Block auf dem Kontinent, der Kohle und Stahl der staatlichen Verfügungsgewalt entziehen und einer überstaatlichen Behörde überantworten sollte? Das ging Bevin entschieden gegen den Strich, war doch nationalstaatliche Souveränität für die Briten weiterhin ein unantastbares Tabu. Und eine deutsch-französische Verständigung war zwar willkommen, aber doch nicht ein integrierter Block – wo wäre da für das Vereinigte Königreich noch die Möglichkeit zur Einflussnahme gegeben? Die Bundesrepublik sollte doch in den westlichen Block eingebunden werden, nicht aber mit Frankreich – und einigen anderen kontinentaleuropäischen Staaten – eigene Wege gehen! Acheson hatte alle Hände voll zu tun, um Bevin zu beschwichtigen und seine, die amerikanische Zustimmung zu Schumans Plan zur Geltung zu bringen. Immerhin stand es zwei zu eins – Acheson und Schuman gegen Bevin. Auch der britische Widerstand konnte jetzt den Weg zur Realisierung des Projekts nicht mehr aufhalten.

Und im übrigen waren nicht alle Briten ganz ohne Verständnis, ja Sympathie für Schumans Plan: Am 19. Mai, eine Woche nach der Außenministerkonferenz, schrieb der britische Botschafter in Paris, Oliver Harvey, eine ausführliche Lagebeurteilung an Bevin, in der er erläutert, wie sich die Dinge aus seiner Sicht ausnahmen[96]. Und darin verteidigt er nicht nur das Konzept der Kohle- und Stahlgemeinschaft als solcher, sondern rechtfertigt sogar die Geheimhaltung des Plans bis zur letzten Minute: Schuman habe einen wesentlichen Schritt aus der passiven Haltung Frankreichs heraus zu einer aktiven Gestaltung der französisch-deutschen Beziehungen im Sinne der Friedenssicherung getan, zu dem doch Bevin und Churchill selbst ihn gedrängt hätten. Der Botschafter macht seinem Chef den französischen Ansatz mit zahlreichen weiteren Argumenten schmackhaft, die besonders in den Augen der Briten ins Gewicht fallen mussten: Nicht nur würde Deutschland in einer solchen europäischen Struktur für Frankreich keine Bedrohung mehr sein, es werde auch in den Kreis der Westmächte eingebunden, ein eigener westdeutscher Beitrag zur westlichen Verteidigung werde nun geradezu unausweichlich, die Gefahr einer Annäherung an die Sowjetunion mit dem heimlichen Ziel der deutschen Wiedervereinigung auf der Basis von Neutralität werde praktisch ausgeschlossen … und letztlich verteidigt Harvey sogar die Geheimhaltung mit dem Argument, eine frühe öffentliche oder auch nur regierungsinterne Diskussion des Vorschlags hätte ihn mit Sicherheit so stark verwässert, dass er seine Wirkung nicht mehr hätte entfalten können, oder gar ganz ad acta gelegt worden wäre. Aber die Stimme des Botschafters zählte in London kaum – die Briten blieben bei ihrer Ablehnung. An den Verhandlungen über die Realisierung des Plans, die Ende Juni begannen, nahmen sie nicht teil.

Auf dem Weg zur Europäischen Gemeinschaft für Kohle und Stahl

Dagegen wurde der Plan mit großer Zustimmung in Italien und den Benelux-Ländern aufgenommen – auch wenn die kleineren Staaten, die Niederlande, Belgien und Luxemburg, nicht ganz ohne Bedenken einem französisch-deutschen Tandem entgegensahen, das übermächtig zu werden drohte und sie selbst als „quantités négligeables", als zu vernachlässigende Größen beiseite schieben könnte. Daraus ergaben sich Forderungen an die Entscheidungsverfahren, die in den Verhandlungen zu berücksichtigen waren. Alcide de Gasperi, Italiens Premierminister von 1945 bis 1953, ein antifaschistischer Christdemokrat, der sich als von den Faschisten Verfolgter und als christlich geprägter Politiker mit Schuman und Adenauer auf gleichem Wertefundament wusste – und, als Südtiroler, mit beiden auch Deutsch sprechen konnte –, war vorbehaltlos einverstanden mit dem Plan und drängte auf seine Verwirklichung, wie auch immer die Details der institutionellen Architektur aussehen würden.

Welche europäischen Länder hätten auch sonst diesen ersten Schritt zur europäischen Integration mitgehen können und sollen? Irland, Österreich, die Schweiz, Schweden und Finnland waren neutrale Staaten und wollten oder durften (wie Österreich) sich in keine supranationale Struktur integrieren. Dänemark und Norwegen waren zwar NATO-Mitglieder, schätzten aber ihre skandinavische Verbundenheit mit Schweden und Finnland höher ein als ihre Zugehörigkeit zum Rest des Kontinents, und für Dänemark fielen, wie für Irland auch, zusätzlich noch die wirtschaftlichen Bindungen an das Vereinigte Königreich ins Gewicht. Portugal, Spanien und Griechenland hatten autoritäre Regime und kamen für einen Bund demokratischer Nationen als Mitglieder schon deshalb nicht in Betracht. Und Mittel- und Osteuropa war sowieso jetzt fest im Griff der sowjetischen Hegemonialmacht. Es blieben im Grunde nur diese sechs Gründerstaaten: Frankreich, die Bundesrepublik Deutschland, Italien, die Niederlande, Belgien und Luxemburg.

Die Verhandlungen zwischen „den Sechs" über die Realisierung des Plans begannen Ende Juni, sie zogen sich, anders als Monnet erhofft und erwartet hatte, bis zum April des kommenden Jahres hin; erst am 18. dieses Monats wurde der Vertrag unterzeichnet und es dauerte noch einmal ein knappes Dreivierteljahr, bevor der Vertrag nach den Ratifizierungen in den Parlamenten der beteiligten sechs Länder – am 1. Januar 1952 – in Kraft treten konnte . Zu den schwierigsten Verhandlungsgegenständen gehörte die institutionelle Struktur[97] der zukünftigen ‚Europäischen Gemeinschaft für Kohle und Stahl' – kein Wunder, denn hier ging es schließlich um die Frage, wer letzten Endes in diesem neu entstehenden politischen System die Macht haben sollte: Wirklich eine neuartige Instanz und Institution über den Staaten, eine ‚Hohe Behörde', zentral und ‚supra'-national? Oder sollten doch die Mitgliedstaaten die Macht dieser ‚Hohen Behörde' wieder einfangen dürfen, indem sie ihr Weisungen erteilten, sollte es sich also doch wieder um eine mehr ‚inter'-nationale, ‚inter-gouvernementale' Organisation handeln?

Letztlich ist in dem Kompromiss, der in den Verhandlungen erzielt wurde, von allem etwas zu erkennen. Die kleineren Mitgliedstaaten, die Benelux-Länder, waren am meisten daran interessiert, dass jedes Land als mitentscheidender Akteur zur Geltung kam, damit nicht die Großen, vor allem Frankreich und Deutschland, letztlich das ‚europäische Interesse' allein verkörperten. Sie drangen mit Erfolg darauf, eine Institution zu schaffen, in der die Regierungen der Mitgliedstaaten – genauer: die Minister, die mit Kohle und Stahl zu schaffen hatten – auf die Entscheidungen der Hohen Behörde Einfluss nehmen konnten, einen Ministerrat also.

Aber auch eine parlamentarische Kontrollinstanz wurde vereinbart, eine Versammlung aus Delegierten der nationalen Parlamente, die die ‚Hohe Behörde' zwar nicht in ihren einzelnen Entscheidungen beeinflussen, sie aber durch ein Misstrauensvotum aus dem Amt heben konnte. Es handelte sich mithin um die Vorform eines europäischen Parlaments, die dem institutionellen System einen ‚drive' hin zu einer parlamentarischen Demokratie geben sollte.

Und, last not least, auch eine gerichtliche, sozusagen konstitutionelle Kontrollinstanz wurde entwickelt, wie sie in der Idee eines Schiedsgerichts schon im ursprünglichen Plan angelegt war. Daraus wurde nun ein vollgültiger, nämlich der spätere Europäische Gerichtshof.

Bestimmend und entscheidend blieb trotz dieser Kontrollen und Kompromisse die ‚Hohe Behörde', die später – mit den Römischen Verträgen über die Europäische Wirtschaftsgemeinschaft und Euratom – zur ‚Kommission' der Europäischen Gemeinschaft(en) weiterentwickelt wurde. Ihr wurden allerdings in der Europäischen Gemeinschaft für Kohle und Stahl deutlich weitergehende Entscheidungsbefugnisse übertragen, als sie sie später und bis heute in der EWG, EG und schließlich in der EU hatte und hat.

Freilich erstreckten sich die Entscheidungsbefugnisse des gesamten institutionellen Systems, der ganzen Europäischen Gemeinschaft für Kohle und Stahl, eben nur auf diese beiden Sektoren der Wirtschaft – darin lag ja gerade der Schlüssel zum Erfolg: Nur soviel sollte den Staaten an Souveränität entzogen werden, wie nötig war, um Frieden zu sichern und durch die Vergemeinschaftung der wichtigsten Industriezweige Wachstum und Prosperität zu ermöglichen, soviel allerdings auch, dass daraus ein Sog, eine Integrationsdynamik erwachsen konnte, die anderen Politikbereiche in ihren Bann zog – andererseits sollte nur nur sowenig Souveränitätsübertragung wie möglich verlangt werden, um die Zustimmung der Staaten nicht zu gefährden. Die Ausweitung dieser Kompetenzen sollte in späteren, weiteren Schritten erfolgen, ebenso wie die geographische Ausdehnung der Gemeinschaft – „Vertiefung", im Sinne von weiteren Kompetenzübertragungen, und „Erweiterung", im Sinne von Beitritt weiterer Mitgliedstaaten, waren von Anfang an mitgedacht, Teil des Plans und Hoffnung auf eine gemeinsame europäische Zukunft.

Abb. 6: Bernard Clappier, Robert Schuman und Jean Monnet, Houjarray, Frühjahr 1950

Zweiter Teil
Nachdenken über den Schuman-Plan

Die Geschichte des Europatags ist erzählt; natürlich könnte die Erzählung noch weiter ausgedehnt werden, in die Breite und Länge, Tiefe und Höhe. Jede Erzählung ist eine Auswahl, sie hat immer selbst gezogene Grenzen. Die können fachlich-sachlich begründet sein, aber auch pragmatisch, z. B. – wie in diesem Fall – durch die Lesbarkeit, die Kommunizierbarkeit der Geschichte … oder hätten Sie lieber ein Buch mit fünfhundert Seiten erstanden und gelesen …[98]? Genug erzählt für diesmal; die Ereignisse selbst, wer und was sie herbeigeführt und so gestaltet hat, all das dürfte hinreichend deutlich vor Augen stehen. Aber damit ist die Geschichte noch nicht am Ende. Jetzt erst kann man um die ‚story' sozusagen herumwandeln, sie von allen Seiten in Augenschein nehmen, nach ihrer Bedeutung befragen, Faktoren und Akteure miteinander in Beziehung setzten, mit anderen Worten: die Geschichte erst richtig verstehen; erst dann wird aus der ‚story' wirklich ‚hi-story'. Denn die Ereignisse selbst sprechen ihre Bedeutung nicht immer auch selbst aus; und nur durch diese ihre Bedeutung werden sie erzählenswert. Der zweite Teil dieses Buches stellt Fragen von Bedeutung an die erzählten Ereignisse, Fragen, die so auch heute noch an die Europäische Union gestellt werden können. Und diese letztere Tatsache macht die Beschäftigung mit den Ereignissen ‚von damals' so aktuell – den ‚Pfad', der damals eingeschlagen wurde, begleiten dieselben Fragestellungen bis heute. Und manche Frage, die man an die Europäische Union heute stellen kann, findet ihre Antwort erst im Rückblick auf die Entstehungsgeschichte der europäischen Integration. Deshalb ist die Lektüre und das Nachdenken über den ‚Europatag' keine Beschäftigung mit einer ‚Vergangenheit', sondern ein Weg zum Verständnis einer sonst schwer verständlichen Gegenwart. Die Europäische Union ist, was sie *ist*, weil sie gerade so *geworden* ist, und dieses Werden beginnt am 9. Mai 1950 (und in den Tagen zuvor und danach).

Sechs Fragestellungen sind es insbesondere, die sich von den Anfängen europäischer Integration bis heute aufdrängen und die allesamt mit dem ersten Schritt, der Gründung der Europäischen Gemeinschaft für Kohle und Stahl, aufscheinen und auch von hier aus Antworten nahelegen:

(I) In welchem Verhältnis standen (und stehen) äußere, *außereuropäische* Ansprüche, Herausforderungen Zwänge an Europa zu *inneren, innereuropäischen* Integrationsmotiven? War europäische Integration von Anfang an ein Kind der Blockbildung, des Kalten Krieges – oder diente sie vor allem der Befriedung innereuropäischer Konflikte zwischen den beteiligten Staaten, allen voran Frankreich und Deutschland?

(II) War die Europäische Gemeinschaft für Kohle und Stahl mehr ein wirtschaftliches oder mehr ein politisches Projekt? Ging es in erster Linie um Wiederaufbau, Wachstum, Prosperität – oder ging es vor allem um Frieden, Völkerverständigung, Versöhnung zwischen ‚Erbfeinden'? Welches Mischungsverhältnis gingen Politik und Wirtschaft – oder genauer (da Wirtschaftspolitik natürlich auch Politik ist) ‚low' und ‚high politics' miteinander ein?

(III) Ähnlich, aber doch mit anderem Fokus gefragt: Waren die Aufgaben, die der Europäischen Gemeinschaft für Kohle und Stahl (und ihren Ausbaustufen, bis hin zur EU) gestellt wurden, eher Aufgaben für Manager, Pragmatiker, Technokraten? … oder waren es politische Aufgaben, die dann auch politische Entscheidungen verlangten, nicht nur und mehr als fachliche Expertise?

(IV) Was für eine Art von politischem System entstand eigentlich auf der Grundlage des (Monnet – und) Schuman-Plans? Offenbar war es mehr als eine Internationale Organisation, aber weniger als ein Staat – bis dato gab es entweder das eine oder das andere. Aber jetzt sollten die Grundlagen für eine europäische „Föderation" gelegt werden – wurde dieses Versprechen eingelöst? Bis zu welchem Grade? Und was wurde daraus?

(V) Was war eigentlich das Verbindende unter den Motiven der Beteiligten? War es die Suche nach einem Interessenausgleich zwischen Frankreich und (West-)Deutschland, auch zwischen Frankreich und den anderen Westalliierten? Ging es um ‚Interessen', politische, wirtschaftliche? Oder war die gemeinsame Grundlage – und wer stand auf dieser? –, waren es gemeinsame Werte, wie Respekt, Versöhnung, Achtung, auch Frieden in einem umfassenden Sinne? Ist die EU also eher als eine Interessen – oder mehr als eine Wertegemeinschaft auf den Weg gebracht worden?

(VI) Die vielleicht schwierigste, weil ins Philosophische hineinreichende Fragestellung: Standen die handelnden Personen unter strukturellen Zwängen, die ihnen die Lösung der ihnen gestellten Aufgaben praktisch vorschrieben? Musste nicht Frankreich diese oder eine ganz ähnliche Lösung für das Deutschland-Problem finden, einfach weil die Umstände sie erzwangen? Hätten mithin andere Personen auch so (oder ganz ähnlich) entschieden wie Monnet, Schuman, Adenauer? Oder bedurfte es gerade dieser Persönlichkeiten, damit die europäische Integration an den Start gehen konnte?

I.
Blöcke oder Kontinent? Externe (außereuropäische) und intra-europäische Integrationsmotive

Offensichtlich stand mindestens Frankreich, aber indirekt auch die Bundesrepublik, unter dem Druck der beiden anderen Westalliierten, das ‚deutsche Problem' so zu lösen, dass der Westblock an Stabilität und Widerstandsfähigkeit gegen die wahrgenommene oder vermutete sowjetische Expansionslust besser gerüstet war: Am 10. Mai und in den folgenden Tagen, bei der Außenministerkonferenz in London, musste die französische Regierung liefern. Die Blockbildung war 1950 so gut wie abgeschlossen, die Welt war bereits – und wie es schien: unwiderruflich – in zwei Hälften geteilt, die Welt war ‚bipolar' geworden.

Der amerikanische Präsident Roosevelt hatte während des Krieges, angesichts der Allianz mit der Sowjetunion gegen die gemeinsamen Feinde – Deutschland in Europa, Japan in Ostasien – für die Weltordnung nach dem Krieg eine „Eine-Welt-Vision" entworfen und an die Kooperation zwischen Ost und West geglaubt, er hatte die Vereinten Nationen, die UNO, mit diesem Ziel lanciert (und für Stalins Teilnahme daran manche Zugeständnisse in Europa gemacht), eine Weltwirtschaftsordnung war mit der Bretton-Woods-Konferenz angestrebt worden, eine *Welt*-Wirtschaftsordnung, nicht nur eine Ordnung für die westliche Welt, als die sie sich erst dann erwies, als die Sowjetunion, die an den Beratungen teilgenommen hatte, sich dieser Ordnung verweigerte. Der Marshall-Plan, obwohl im Prinzip auch der Sowjetunion und den ostmitteleuropäischen Staaten in ihrem Hegemonialbereich angeboten, erwies sich als entscheidende Etappe auf dem Weg zu einem eigenen, westlichen Block, nachdem die Sowjetunion auch dieses Angebot der Amerikaner ablehnte und ihre Satelliten in Mitteleuropa zu der gleichen Absage zwang. Die Berlin-Blockade 1948–49, der Putsch in der Tschechoslowakei im Februar 1948, die Gründung der NATO im folgenden Jahr waren weitere Meilensteine der Blockbildung.

1950 jedenfalls war klar, dass die Welt inzwischen und auf unabsehbar lange Zeit von dem Antagonismus der Supermächte und ihrer Blöcke geprägt werden würde. Europa existierte nicht mehr als Ganzes, als Kontinent, sondern war aufgeteilt in einen östlichen Teil, in dem es keinen Zweifel geben konnte, wer das Sagen hatte – Moskau –, und in einen westlichen, der liberaler blieb, aber eben auch seine Rolle in der Blockkonfrontation zu spielen hatte. Und das galt für alle Staaten diesseits des Eisernen Vorhangs, auch für die neu entstandene Bundesrepublik Deutschland. Ob das Frankreich gefiel oder nicht, war dagegen zweitrangig. Die französische Regierung konnte eine Zeitlang verhindern, dass die USA, assistiert von Großbritannien, eine bundesdeutsche Wiederbewaffnung und eine neue Blüte der westdeutschen Industriewirtschaft zuließ oder gar förderte, um insgesamt die westliche Allianz mit dem bundesdeutschen Beitrag zu stärken – aber auf lange Sicht würde Frankreich sich dem Imperativ der Blocklogik beugen müssen, soviel war um 1950 klar, und damit wäre in den Augen der Franzosen (West-) Deutschland erneut zur Bedrohung geworden.

Diese Konfliktlage war 1949 offenkundig geworden, als die Außenminister der beiden angelsächsischen Alliierten die französische Regierung, zwar mit Verständnis für ihre Sorgen, aber doch unmissverständlich, ja ultimativ, aufforderten, für das Deutschland-Problem eine Lösung vorzuschlagen. Ja, für Frankreich war das ein Problem, das sahen auch die Amerikaner und die Briten ein – also überließen sie es konzilianterweise den Franzosen, eine Lösung vorzuschlagen. Aber ein solcher Vorschlag musste kommen, spätestens am 10. Mai 1950, andernfalls würden sie der Bundesrepublik zu der Rolle im westlichen Block verhelfen, die sie für angemessen hielten und die die Franzosen so sehr fürchteten. Monnets und Schumans Plan war die Antwort auf diese Herausforderung – war also die Europäische Integration ein Kind des Kalten Krieges, war sie von der über- oder außereuropäischen bipolaren Welt angetrieben? Und wenn ja, ist sie mit dem Ende des Eisernen Vorhangs auch wieder überflüssig geworden, da doch damit auch ihre ‚raison d'être', ihre Daseinsberechtigung hinfällig geworden wäre?

So plausibel das klingt – auf der anderen Seite stehen starke innereuropäische Motive für die Bildung einer Europäischen Gemeinschaft für Kohle und Stahl. Sie betreffen vor allem das deutsch-französische Verhältnis, also eine Beziehung zwischen Staaten, die beide westlich des Eisernen Vorhangs lagen und untereinander, nicht gegen Dritte – die Sowjetunion – Handlungsbedarf hatten. Die französischen Ängste dieser Zeit hatten weniger mit der Sowjetunion und ihrem entstehenden Ostblock zu tun als mit dem ‚Erbfeind' Deutschland und dessen möglichem Wiedererstarken, sollte denn die bundesrepublikanische Schwerindustrie wieder aufblühen und nicht nur die französischen Hoffnungen auf Zugang zu den Ressourcen für die eigene Kohle- und Stahlindustrie zunichte machen, sondern auch einmal mehr den Grund für eine militärische Aufrüstung legen. Für Frankreich ging es bei der Europäischen Gemeinschaft für Kohle und Stahl in allererster Linie darum, Garantien für den Frieden mit (West-)Deutschland zu schaffen, und dies in einer Weise, die – anders als nach dem Ersten Weltkrieg – Deutschland nicht wieder demütigen und damit zu Revanchegelüsten herausfordern würde, welch letztere sich endlich als gefährlicher erwiesen hatten als alle Versuche zur Entmachtung des Nachbarn jenseits des Rheins. Wenn Robert Schuman „Frieden" als Schlüsselwort seiner Initiative an den Anfang und damit auf die Top-Position der Prioritätenliste rückt, dann ist damit der Friede zwischen Frankreich und der Bundesrepublik gemeint – die USA, die Sowjetunion, die Supermachtblöcke kommen in der offiziellen Argumentation des französischen Außenministers gar nicht vor. Schuman muß überzeugt gewesen sein, dass seine ausschließlich innereuropäische, ja bilaterale, französisch-deutsche Begründung der Initiative völlig ausreichte, um sie plausibel und legitim zu machen.

Auch die Tatsache, dass Schuman seinen Plan in eine historische Perspektive einbettet, spricht für eine innereuropäische Motivlage. Seit dreißig Jahren, so verkündet er am 9. Mai der Weltpresse, habe Frankreich in Europa für den Frieden gekämpft – eine Referenz an das Briand-Memorandum für eine europäische Vereinigung von 1930, an dessen Zustandekommen der deutsche Außenminister Gustav Stresemann maßgeblich beteiligt war. Der Plan scheiterte, die Nationalsozialisten übernahmen die Macht … Aber Schuman erinnert daran und stellt damit seine Initiative in einen historischen Zusammenhang, der rein innereuropäisch ist und weit vor die Blockbildung durch die Supermächte zurückreicht.

Und für Schuman ganz persönlich spielt das Schicksal Lothringens eine nicht unerhebliche Rolle – das Leid der Grenzregionen, die bei allen deutsch-französischen Kriegen immer am meisten gelitten hatten, wird ausdrücklich als Integrationsmotiv auf den wenigen Seiten des Plans erwähnt. Bei der Europäischen Gemeinschaft für Kohle und Stahl, und bei dem Projekt einer weitergehenden europäischen Integration insgesamt geht es nicht zuletzt um Friedenssicherung für diese Grenzregionen, Lothringen, Elsass, das Saarland und anderen die angrenzenden deutschen Bundesländer, aber auch Luxemburg und mindestens Wallonien, die südliche Hälfte Belgiens, die nicht nur Kohlerevier, sondern, wie ganz Belgien, unbeteiligtes Opfer fast aller deutsch-französischen Konflikte und Kriege war. Diese regionale, sub-nationale Dimension der Integrationsmotive ist noch weiter von den Interessen der Supermachtblöcke entfernt als die bilaterale, zwischenstaatliche, die schon ihrerseits in ihrer historischen, (damals) gegenwärtigen und zukünftigen Perspektive nur die Staaten in der Mitte des europäischen Kontinents betrifft.

Was für die (friedens-)politische Dimension gilt, ist auch für die wirtschaftliche richtig: Jean Monnet dachte sich von hier aus in den Plan hinein, den er dann erarbeitete, ihm – als Chef der französischen Wirtschaftsplanungsbehörde – ging es zunächst darum, der französischen Schwerindustrie die Wachstumschancen zu sichern, die eine neue Blüte des Industriestaates Frankreich heraufführen sollte. Sein nach ihm benannter Plan für das Wachstum der französischen Montanindustrie war ins Stocken geraten, die Grenzen des Wachstums der französischen Kohleminen und Stahlwerke war in Sichtweite gekommen – nicht nur aus Mangel an Material und Ressourcen, auch an mangelndem Unternehmergeist und Innovationsbereitschaft unter den Managern und Eigentümern der Berg- und Stahlwerke. Beide Grenzen wollte Monnet mit einer Europäisierung des Marktes öffnen, den Zugang zu Ressourcen durch Öffnung der staatlichen Grenzen, die Innovationsbereitschaft durch grenzüberschreitenden Wettbewerb. Und dass damit zugleich die Konflikte zwischen Frankreich und Deutschland auf dem Gebiet der Schwerindustrie neutralisiert werden würden, ja dass damit sogar die Wiederbewaffnung der Bundesrepublik zwar nicht unter französische, aber auch nicht mehr allein unter deutscher, sondern künftig nur noch unter gemeinsamer, europäischer Kontrolle denkbar würde, war selbstverständlich mitbedacht, und nicht nur als Nebeneffekt, sondern als gleichermaßen wertvolles politisches Ziel. Auch Monnets Überlegungen und Argumente ergeben sich also und kommen zu Ergebnissen ganz ohne Bezug auf die Block-Konfrontation.

Nicht nur die offiziellen, nach außen, in die Öffentlichkeit, ins Parlament getragenen Begründungen und Argumente für die Initiative zu einer Europäischen Gemeinschaft für Kohle und Stahl sind, bei Monnet wie bei Schuman, ganz auf die innereuropäischen, die deutsch-französischen Beziehungen konzentriert und kommen ohne die Blocklogik aus, auch die Beratungen in den kleinen Gruppen, die Gedanken in den Köpfen der Beteiligten kreisen innerhalb der europäischen Problemlage. Zu keinem Zeitpunkt scheint in den Beratungen zwischen

Jean Monnet, Bernard Clappier, Paul Reuter, Etienne Hirsch, Pierre Uri, Henri Pleven, René Mayer der Gedanke auf, dass man sich ja einem Diktat oder auch nur einem Wunsch der westlichen Supermacht beugen müsse, ja die USA und die Sowjetunion werden gar nicht erwähnt – sie spielen für die Konzipierung und Entwicklung des Plans keine Rolle. Damit ist nicht gesagt, dass Jean Monnet nicht den 10. Mai im Sinn hatte, als er sein Projekt lancierte; sicher hat er die Außenministerkonferenz und den Druck, der auf Frankreich lastete, in Betracht gezogen und seinen Plan so angelegt, dass er auch für dieses Problem eine Lösung bieten konnte. Aber die treibende Kraft in seinen Gedanken und in Schumans Plänen war doch die innereuropäische, die deutsch-französische Konfliktlösung und friedliche Zukunft.

Beide Aspekte, die Block-Perspektive und die innereuropäische, werden von Jean Monnet in einer „note de réflexion", einem gut dreiseitigen Reflexionspapier, beleuchtet, das er am 3. Mai formulierte, an dem Tag also, an dem ihn Bidault ungnädig zu sich zitiert hatte, nachdem er bei der Kabinettsitzung an diesem Tag von Schuman den Plan Monnets (noch einmal ...) erhalten hatte – vielleicht schien es Monnet tunlich, wenigstens einen Versuch zu unternehmen, um Zweifler wie Bidault doch noch zum Umdenken zu bewegen. Monnets entscheidende Argumentationslinien sind diese zwei:

(1) Der Kalte Krieg droht in einen heißen umzuschlagen, nimmt alles Denken in Beschlag, macht das politische Denken eindimensional, verbissen, blind, verhindert kreative, alternative Lösungen – dagegen muss man eine Aktion vorschlagen, die aus

dem Käfig des Kalten Krieges ausbricht und eine neue Realität schafft, die nicht vom Gegenüber der Supermächte geprägt ist:

„Das Denken fokussiert sich auf ein einfaches und gefährliches Objekt: den Kalten Krieg. Sämtliche Vorschläge, alles Handeln wird von der öffentlichen Meinung als Beitrag zum Kalten Krieg aufgefasst. Der Kalte Krieg, dessen wesentliches Merkmal es ist, den Gegner zum Nachgeben zu zwingen, ist die erste Phase des wirklichen Krieges. Diese Aussicht führt bei den politisch Verantwortlichen zu einer Erstarrung des Denkens, die für den Verfolg eines einzigen Zieles charakteristisch ist. Die Suche nach Lösungen für das Problem verschwindet.“[99]

Das bedeutet nicht etwa, dass Monnets Idee zu einer europäischen Gemeinschaft (von was auch immer, das spielt nur eine Nebenrolle) als ein Beitrag zum Kalten Krieg zu verstehen wäre, sondern als Ausbruch aus demselben gedacht war; die europäische Integration ist nicht als Kind des Kalten Krieges geboren, sondern als Alternative zum Kalten Krieg.

(2) Deutschland ersteht neu als Problem für Frankreich; die Entwicklung, die Monnet absieht, wenn nicht etwas Grundlegendes sich ändert, ist diese:

„Schon jetzt verlangt Deutschland die Aufstockung seiner [Stahl-] Produktion von 11 auf 14 Millionen Tonnen. Wir werden das ablehnen, aber die Amerikaner werden darauf bestehen. Letztendlich werden wir Bedenken geltend machen, aber doch nachgeben. Zur gleichen Zeit stagniert die französische Produktion oder geht sogar zurück. – Es genügt, sich diese Fakten vor Augen zu führen, und man braucht die Details, die daraus folgen, gar nicht mehr zu beschreiben: Deutschland in der Expansion – deutsches Export-Dumping – Verlangen nach Schutz für die französische Industrie – Ende oder Tarnung des Endes des freien Warenverkehrs – Wiederbelebung der Kartelle aus der Vorkriegszeit – möglicherweise Orientierung der deutschen Expansion nach Osten, als Vorspiel zu politischen Verständigungen – Frankreich auf der alten Spur zurück in eine begrenzte protektionistische Produktion. – Die Entscheidungen, die zu dieser Lage führen oder sie zumindest vorbereiten, werden bei der Londoner Konferenz getroffen, unter amerikanischem Druck."[100]

Der Vorschlag zu einer Europäischen Gemeinschaft für Kohle und Stahl soll diese Entwicklung verhindern, Deutschland den wirtschaftlichen Aufschwung ermöglichen, ohne es in die Hände des Ostens zu treiben, und Frankreich den gleichen Aufschwung quasi aufdrängen, indem die deutsche Konkurrenz ihrer bedrohlichen Aspekte entkleidet wird (Dumping, Effizienz, Kartelle, Verfügbarkeit von Ressourcen ...). D.h. die Europäisierung des Aufschwungs soll das bilaterale Konfliktpotential von vornherein neutralisieren, ja eliminieren.

Beide Argumente zusammengenommen ergeben das komplexe Bild des Verhältnisses zwischen Blocklogik und innereuropäischen Integrationsmotiven in aller Klarheit. Es geht um die Transformation der innereuropäischen Strukturen in einer Weise, die Konflikte zwischen den Nationalstaaten aufhebt; die Blocklogik dagegen ist eine gefährliche Ablenkung von dieser vordringlichen Aufgabe. Um sie zu lösen, muss man sich zunächst aus dem Blockdenken lösen – und wieder kreativ werden, ja über seinen Schatten springen und etwas grundlegend Neues schaffen, einen „fundamentalen Wandel“ einleiten, „un changement fondamental“ – „Durch die bloße Addition von vereinten nationalen Souveränitäten in irgendwelchen Räten wird eine wirkliche Einheit nicht gelingen“[101], ist Monnets Überzeugung.

Auch für Konrad Adenauer gilt, dass ihm die deutsch-französische Verständigung und idealerweise Aussöhnung ein ganz eigenständiges, schon seit langem verfolgtes, ja in seiner rheinischen Kultur wurzelndes Anliegen war. Das war nicht nur untergeordnete Funktion einer Westorientierung, die im Blockdenken ihren einzigen Halt gefunden hätte. Eine Europapolitik gemeinsam mit Frankreich, auf der Grundlage der Gleichberechtigung – diesen Aspekt hob Adenauer in seinem Antwortschreiben an Schuman eigens hervor (am 8. oder am 9. Mai ...) – war seine Idealvorstellung von einer friedlichen und sicheren Zukunft für die Bundesrepublik in Europa. Zweifellos war Adenauer dringend daran interessiert, die Bundesrepublik in die westlichen Allianz, die NATO zu führen, die Sicherheitsgarantie der USA zu erlangen, zweifellos fürchtete er die sowjetische Aggression, hielt einen Dritten Weltkrieg zwischen den Supermächten nicht nur für möglich, sondern sogar für wahrscheinlich. Aber nichtsdestoweniger und in gewisser Hinsicht unabhängig davon – auch wenn in der Realität die Motive miteinander verwoben waren – galt seine Vision eines vereinten Europas vor allem der friedlichen Verständigung unter den Nachbarn beiderseits des Rheins, wie es sich für ihn als Kölner ausnahm. Über den Beitritt zum Europarat, zu dem ihn Schuman eingeladen hatte, und nun erst recht über die Bildung einer gemeinsamen supranationalen Gemeinschaft führte nach seiner Überzeugung der Weg zurück zur Anerkennung (West-) Deutschlands als eines nun wieder gleichberechtigten und vertrauenswürdigen Partners in der europäischen Staatenfamilie.

Und schließlich: Auch die Zukunftsperspektiven, die sich beiderseits des Rheins mit Schumans Plan verbanden, weisen in eine genuin europäische Richtung. Das noch längst nicht in Vergessenheit geratene, ja im Gegenteil in Schumans Rede prominent herausgestellte Ziel einer europäischen Föderation – mit großem „F" in der französischen Version! – ist ein innereuropäisches, kein Projekt des westlichen Supermachtblocks. Sicher, auch die Architekten des Marshall-Plans – Will Clayton allen voran, aber auch Dean Acheson und George Marshall selbst – hatten in diese Richtung gedacht, aber aus anderen Motiven. Ihnen ging es tatsächlich darum, den westlichen Teil des Kontinents so zu stärken, dass er sowjetischem Druck würde standhalten können, und dazu schien ihnen eine Föderation das beste Mittel zu sein; die eigene amerikanische Erfahrung schien das doch ganz offensichtlich zu belegen. Aber in Monnets, Schumans und Adenauers Gedankenwelt hatte die Europäische Föderation eben nicht in erster Linie eine Funktion in der bipolaren Welt zu erfüllen, sondern war ein eigenständiges europäisches Interesse, war die Europäisierung der bilateralen Verständigungs- und Versöhnungspolitik, sollte Europa insgesamt in Zukunft gegen Bruderkriege absichern und Konflikte friedlich, nämlich durch Recht statt durch Gewalt lösen.

Wie also lässt sich das Verhältnis zwischen globaler Blocklogik und innereuropäischen Integrationsmotiven beschreiben?

Beide waren am Werk, daran kann es kaum einen Zweifel geben. Aus großer (historischer) Entfernung gesehen scheinen die Supermächte die überlegenen Taktgeber, die strukturierenden Kräfte der Welt- und Europapolitik in der zweiten Hälfte des 20. Jahrhunderts gewesen zu sein und über den Druck der Amerikaner auf Frankreich, das Deutschland-Problem zu lösen, auch die Auslöser der europäischen Integration. Aber bei genauerem Hinschauen wird offenkundig, dass die Europäer, dass Franzosen und Deutsche ihre eigene, bilaterale, europäische Agenda verfolgten, dass ihre Motive für europäische Integration tiefer und weiter reichten, dass diese Motive selbständig waren und auch Bestand hatten ohne die Blocklogik.

Und seitdem, und heute? Immer wieder haben sich außereuropäische, oft amerikanische Antriebskräfte mit innereuropäischen Integrationsmotiven vermischt, in einer Weise, die Europa nicht selten in Krisen gestürzt, aber dann auch europäische Integrationsfortschritte ermöglicht, wenn nicht gar erzwungen und auf diese Weise dienende Funktion bei der Ausgestaltung des europäischen politischen Systems übernommen hat. Das erste Beispiel findet sich schon sehr schnell nach dem 9. Mai 1950 – als nämlich am 25. Juni der Koreakrieg ausbrach, glaubten sich die Europäer in einer ähnlichen Lage wie die Koreaner und fürchteten, auch sie könnten Opfer eines offenen, heißen Krieges der Supermächte auf drittem Territorium werden. (West-)Deutschlands Aufrüstung schien nun auch unmittelbar bevor zu stehen, weil die Amerikaner Truppen in Ostasien brauchten und darauf drängen würden, die westeuropäischen Alliierten, zu denen die Bundesrepublik nun zählte, zu mehr eigenen Verteidigungsanstrengungen zu drängen. Der französische Verteidigungsminister Henri Pleven schlug daraufhin im Oktober 1950 vor, eine Europäische Verteidigungsgemeinschaft zu gründen, mit einer gemeinsamen Armee – in der es, ganz nach dem Modell von Kohle und Stahl, nicht mehr französische oder deutsche, sondern nur noch europäische Truppen geben würde. Sehr bald war klar, dass die Entscheidung, eine solche integrierte Verteidigung aufzubauen, auch eine gemeinsame Entscheidung über Krieg und Frieden nötig machen würde – die ernsteste Entscheidung, die eine politische Gemeinschaft, Nation oder wer auch immer, gemeinsam treffen kann. Es machte also keinen Sinn, eine Verteidigungsgemeinschaft ohne eine politische Union aufzubauen, und in der Tat wurden Pläne für eine solche Union ausgearbeitet. Das ganze Projekt scheiterte Ende August 1954, aus Gründen, die zu analysieren hier zu weit führen würde. Aber an der ganzen, wenn auch nicht erfolgreichen Geschichte zeigt sich einmal mehr, dass äußere Ereignisse Anlässe für die Verwirklichung oder zumindest Lancierung innereuropäischer Projekte sein konnten.

Das bisher letzte Beispiel ist die Finanz-, Wirtschafts- und Staatsschuldenkrise seit 2008 – auch sie wurde ausgelöst in den USA und schwappte aufgrund der globalen Verflechtung der Finanzmärkte schnell nach Europa über. Die Krise war nicht europäisch hausgemacht, legte aber bloß, wo hausgemachte Schwächen, vor allem in der Währungsunion, lagen und nötigte die Mitgliedstaaten zu Gesetzen und Verträgen, die den Zusammenhalt der Währungsunion und der EU insgesamt sicherten, selbst um den Preis, dass diese Maßnahmen über den bestehenden und bis auf weiteres für unantastbar erklärten Lissabon-Vertrag hinausgingen. Die Gesetze zur Haushaltskontrolle der Mitgliedstaaten, „Six-Pack“ und „Two-Pack“ genannt, die ‚Rettungsfonds‘, die etliche hundert Milliarden Euro mobilisierten (und damit ein Vielfaches des jährlichen EU-Haushalts), die beiden zusätzlichen internationalen Verträge, die diese Fonds in eine Vorform eines Europäischen Währungsfonds (den „Europäischen Sicherheitsmechanismus“, ESM) überführten und die Mitgliedstaaten zu einer verfassungsrechtlich abzusichernden Schuldenbremse verpflichteten (der „Fiscal Compact“-Vertrag), diese Integrationsschritte haben die EU über den Lissabon-Vertrag hinaus verändert, ohne dass der Vertrag selbst geändert wurde. Nimmt man die zusätzlichen mehr als 600 Milliarden Euro hinzu, die seit 2014 über den Europäischen Fonds für strategische Investitionen, unter dem Dach der Europäischen Investitionsbank, mobilisiert wurden, um die schwache Investitionsbilanz der EU-Mitgliedstaaten aufzubessern, so findet man einen Integrationsstand, der – ursprünglich angetrieben von der US-amerikanischen Finanzmarkt-Krise – deutlich über den des Jahres 2007 hinausgeht, als eben der derzeit immer noch gültige Lissabon-Vertrag als konstitutionelle Grundlage der EU für die kommende Generation proklamiert wurde. Zweifellos ist die Integrationsbilanz seit 2008 nicht allein positiv – die Solidarität, die sich in den Rettungsfonds materialisiert, ist konterkariert worden durch die bitteren Auseinandersetzungen über die Konditionen, unter denen diese Fonds angezapft werden können; andere Krisen – alle ausgelöst nicht in der EU selbst, sondern in ihrer Nachbarschaft, im Osten und Südosten, von Russland bis zur Arabischen Welt – sind hinzugekommen, und last not least der Entschluss des Vereinigten Königreichs, die EU zu verlassen. Dennoch: Europa macht Fortschritte auf dem Pfad der Integration, wenn äußerer Druck es erlaubt oder erzwingt, innere Widerstände zu überwinden, und dann kommen innereuropäische Integrationsmotive zum Zuge, die auch allein gute Gründe für weitere Schritte auf dem Weg zu einer föderalen Integration vorbringen können.

II. Wirtschaft oder Politik? Wurde die Europäische Integration mehr durch politische oder mehr durch wirtschaftliche Motive in Gang gesetzt?

Kohle und Stahl, zwei Industriezweige – um ihre Wachstumschancen in Frankreich und Deutschland ging es doch? Ja … auch, aber erst in zweiter Linie: Das Schlüsselwort war, die oberste Priorität hatte doch wohl Frieden zwischen den ‚Erbfeinden'!? Beide Motive sind offenkundig, Wirtschaft *oder* Politik ist die falsche Frage – die richtige gilt dem Verhältnis beider zueinander.

Dabei muss zunächst bedacht werden, was der Unterschied oder gar Gegensatz zwischen ‚Wirtschaft' und ‚Politik' überhaupt besagen will. Auch ‚Wirtschaft' in diesem Sinne war und ist ja Wirtschafts*politik*: Bei der Bildung einer Europäischen Gemeinschaft für Kohle und Stahl ging es um die Politik, die die beiden Industriesektoren brauchten, um die Zerstörungen des Zweiten Weltkriegs zu überwinden und darüber hinaus zu wachsen. Nicht Manager, Bergwerkseigner oder Stahlkonzerne waren die handelnden Akteure, sondern Politiker und, wie im Falle Jean Monnets, politisch gestaltende Fachleute. In jedem Fall also ging es um ‚Politik'. Was aber ist dann der Unterschied zwischen ‚Wirtschaftspolitik' und ‚Politik' an sich? Gemeint ist eigentlich der Unterschied, der in der Politikwissenschaft und der Wissenschaft von den Internationalen Beziehungen mit der englischen Unterscheidung zwischen ‚high' und ‚low politics' ausgedrückt wird. Auch wenn die Definition der beiden Begriffe nie ganz eindeutig und einvernehmlich ausgearbeitet wurde, als Gemeinplatz gilt, dass ‚low politics' all die Politikbereiche meint, bei denen es nicht gerade ums Überleben einer Nation, eines Staates geht – im Unterschied zu den Politikfeldern, bei denen genau das auf dem Spiel steht. Zu ‚high politics' gehört demzufolge in erster Linie die Außen- und Sicherheitspolitik, die Frage von Krieg und Frieden, die in der Tat über das Wohl und Wehe ganzer Nationen entscheidet. ‚Low politics' dagegen umfasst Politikbereiche wie Wirtschaft und Handel.[102]

Die Unterscheidung macht die Frage nicht leichter, ob es sich bei Monnets und Schumans Plänen um eine eher ‚low'- oder mehr ‚high politics'-Initiative, um mehr ‚Wirtschaft' oder mehr ‚Politik' gehandelt habe. Denn die begriffliche Klärung lässt nur umso deutlicher erkennen, dass *beide* Aspekte in der Planung einer Europäischen Gemeinschaft für Kohle und Stahl enthalten waren – und das von Anfang an, nicht erst in der Zielperspektive. Dass letztendlich eine Europäische Föderation daraus resultieren sollte, ist eine eindeutig dem Bereich der ‚high politics' zuzuordnende Zielvorstellung, daran gibt es keinen Zweifel. Die Frage wäre allenfalls, ob der Weg dahin mit einem ersten Schritt eingeschlagen werden sollte, der zunächst allein dem Feld der ‚low politics' angehörte und ob erst dann, in späteren Etappen, der Übersprung auf die wirklich existenzentscheidenden Politikfelder der ‚high politics' folgen sollte.

Aber auch diese Schrittfolge von zuerst bloß ‚low' und später dann ‚high politics' wird im Blick auf die Tatsachen rund um den Europatag nicht bestätigt: Von Anfang an ging es um beides, um wirtschaftliche Entwicklung, grenzüberschreitende Märkte,

Wachstum und Handel einerseits – ‚low politics' – und um Internationale Beziehungen, um Sicherheit und Frieden – ‚high politics' – andererseits. Das war kein Nacheinander, sondern ein Mit- und Ineinander. Später, nachdem die Europäische Verteidigungsgemeinschaft 1954 gescheitert war und nachdem der französische Staatspräsident Charles de Gaulle 1962 bis 1965 versucht hatte, die Europäische Wirtschaftsgemeinschaft auf das Gebiet der ‚low politics' abzudrängen und durch eine ausschließlich auf ‚high politics' begrenzte Kooperationsform zu marginalisieren, als ihm das nicht gelang, er aber wenigstens doch den weiteren Integrationsweg der Gemeinschaften blockierte – zu diesem Zeitpunkt hat man die These entwickelt, dass der 1950 eingeschlagene Integrationsweg nur für ‚low politics' funktioniere, aber versage, sobald es um die überlebenswichtigen Fragen von Sicherheits- und Außenpolitik, von Internationalen Beziehungen gehe[103] Aber diese Überlegung geht eben von der falschen Voraussetzung aus, dass es bei Kohle und Stahl 1950 nur um ‚low' und nicht auch schon um ‚high politics' gegangen sei. Die Geschichte, die im ersten Teil dieses Buches erzählt wurde, der genaue Blick auf die Quellen lässt aber keine Zweifel daran, dass Kohle und Stahl zur damaligen Zeit als überaus relevant, ja als mitentscheidend für die ‚high politics' betrachtet wurden, dass es bei der Europäischen Gemeinschaft für Kohle und Stahl sehr wohl um Sicherheit, Frieden und die Beziehungen zumindest zwischen Frankreich und Deutschland, letztlich aber um die Internationalen Beziehungen in Europa überhaupt ging.

Es ging um Wirtschaft (low politics) *und* um (high) Politik – die eigentliche Frage ist dann ‚nur noch', in welchem Verhältnis sie zueinander standen. Drei Konstellationen sind denkbar:

(1) Frieden und supranationale Gemeinschaftsbildung waren notwendige Voraussetzung dafür, dass die Schlüsselindustrien Kohle und Stahl, dass die Volkswirtschaften insgesamt wieder wachsen konnten; ‚high politics' wäre dann das Mittel zum Zweck, der Zweck selbst wäre Wirtschaftswachstum, Prosperität, Wohlstand gewesen. (2) Die zweite theoretische Möglichkeit wäre, dass es genau umgekehrt war: Die Vergemeinschaftung der entscheidenden Wirtschaftszweige war nur das Mittel zum Zweck, letzterer war langfristig die Errichtung der Europäischen Föderation; Kohle und Stahl waren mehr oder weniger willkürlich gewählt und letztendlich austauschbar, um irgendwo einen für die beteiligten Staaten nicht allzu schmerzhaften Souveränitätstransfer einzuleiten. Beide Denkmöglichkeiten werden von dem Realitätstest, den die erzählte Geschichte liefert, nicht bestätigt: Weder war ‚Politik' nur Mittel zum Zweck der Wirtschaftsförderung, noch war ‚Wirtschaft' bloß Mittel zu politischen Zwecken.

Eine dritte, komplexere Denkmöglichkeit steht noch zur Verfügung, und sie trifft die tatsächliche Beziehung zwischen Wirtschaft und Politik am besten: (3) Die Herstellung von Bedingungen, unter denen die Schlüsselindustrien Kohle und Stahl konfliktfrei wachsen konnten – ‚Wirtschaft' – ‚war *sowohl selbst Zweck* und an sich ein Ziel der damaligen Politik, *als auch Mittel* zur Sicherheits- und Friedenspolitik, zur Begründung einer Form Internationaler Beziehungen, die künftig die Kriege der vergangenen Jahrhunderte vermeiden sollte. Denn dass etwas – in diesem Fall Wirtschaftspolitik – beides, Zweck *und* Mittel sein kann, ist ja keine logische Unmöglichkeit, und in der Realität ging es in der Tat um beides. Ja, darin lag gerade die Genialität des Vorschlags, den Jean Monnet unterbreitete: Denen, die einer supranationalen Gemeinschaftsbildung skeptisch gegenüberstanden, konnte man sehr gut die wirtschaftspolitischen Argumente entgegenhalten, die doch für sich sprachen und die die Wirtschaft nicht für andere, höhere politische Ziele in Anspruch nahmen. Und diejenigen, denen gerade daran lag, einen Weg über den souveränen Nationalstaat hinaus, hin zu einer supranationalen, föderalen Europäischen Gemeinschaft einzuschlagen und zu beginnen, konnte man damit überzeugen, dass Kohle und Stahl als Mittel zum Zweck, als erster Schritt auf diesem Weg richtig gewählt waren.

Mehr noch: Die Wahl der beiden Wirtschaftszweige Kohle und Stahl war deshalb so genial, weil genau diese beiden Industriezweige weit mehr als alle anderen, ihrer Natur nach ‚low' und ‚high politics' in sich verbanden: Kohle und Stahl waren zum einen die Industrien, an deren Wachstum das Wohl und Wehe der gesamten Volkswirtschaften der damaligen Industriestaaten hing. Das war offensichtlich für den hoch industrialisierten westdeutschen Staat, aber es galt selbst für das noch deutlich agrarischere Frankreich auf dem Weg zur Industrialisierung. Hier musste sich erweisen, dass ein erneuter wirtschaftlicher Aufschwung, dass der Weg aus der Kriegs- und Nachkriegsmisere möglich war, dass eine vielversprechende Zukunft mit Wirtschaftswachstum, Vollbeschäftigung, Wohlstand erreichbar, dass dieser Weg gangbar war – wenn man denn bereit war, über die nationalen Grenzen hinaus zu denken. Zugleich aber waren Kohle und Stahl die Basis für jegliche Rüstung, damals noch weit mehr als heute: Die Waffen der damaligen Zeit – von Panzern über Flugzeuge bis zur Munition – konnten nur produziert werden, wenn man über Kohle und

Stahl verfügte. Wenn man also den Staaten die Verfügungsgewalt über diese beiden Industrien entzog und sie auf eine supranationale, europäische Ebene transferierte, dann machte man es den beteiligten Staaten praktisch unmöglich, durch die Produktion von Waffensystemen unbemerkt einen Krieg gegeneinander vorzubereiten. Das ist es, was Robert Schuman meinte, wenn er sagte, dass durch die Umsetzung seines Plans ein Krieg zwischen Frankreich und (West-)Deutschland „nicht nur undenkbar, sondern materiell unmöglich" gemacht werden würde.

Die Europäische Gemeinschaft für Kohle und Stahl war *beides zugleich*: Wirtschaft(spolitik) *und* Politik, ‚low' *und* ‚high politics', sie zielte auf Wirtschaftswachstum *und* Friedenssicherung. Der wirtschaftliche Wiederaufbau war dabei natürlicherweise schon an sich ein lohnendes Ziel, dem die Vergemeinschaftung der Schlüsselindustrien diente – aber zugleich war diese Vergemeinschaftung auch, mit den Worten Konrad Adenauers, „das beste Mittel, eine Politik zu treiben, die sich auf Vertrauen gründet"[104] und dem Frieden dient.

Und später? Und heute? Die Frage, ob die Europäische Union ein Staatenverbund mit dem Ziel gemeinsamer Wirtschaftsförderung oder ob sie weiterhin auf dem Weg zu einer europäischen Föderation ist, zu einer politischen Gemeinschaft im Sinne der ‚high politics', wird bis heute nicht von allen Mitgliedstaaten und vor allem nicht von allen Bürgerinnen und Bürgern gleich beantwortet. Die Frage nach dem Verhältnis von Wirtschaft und Politik hat die europäische Integration über die gesamte Länge ihrer bisherigen Geschichte begleitet. Der erste Versuch, diese Frage endgültig und zwar im Sinne der ‚high politics' zu beantworten, scheiterte schon vier Jahre nach Robert Schumans Initiative, als nämlich die französische Nationalversammlung den von allen anderen fünf Mitgliedstaaten bereits ratifizierten Vertrag über eine Europäische Verteidigungsgemeinschaft ablehnte. Es dauerte lange, bevor sich die Frage erneut stellte – 1965 war der Moment erreicht, zu dem der Schritt von der Zollunion zum Gemeinsamen Markt anstand, wie vom Vertrag über die Europäische Wirtschaftsgemeinschaft 1958 anvisiert. Aber dafür hätten die Mitgliedstaaten akzeptieren müssen, dass nun gemeinsame Regeln, eine gemeinsame Gesetzgebung nötig war, und das wiederum geht nur, wenn nicht jeder ein Veto gegen jeden Gesetzesvorschlag einlegen darf – wenn man also mit Mehrheit entscheiden kann. Was technisch klingt, ist die zentrale Infragestellung der Souveränität: Mehrheitsentscheidungen zu akzeptieren heißt, Gesetze auch dann anzuwenden, wenn man selbst dagegen gestimmt hat, wenn man also in der Minderheit war. Und damit ist die Souveränität, jedenfalls in dem fraglichen Politikbereich, aufgegeben. Wiederum war Frankreich dagegen, der gemeinsame Binnenmarkt kam erst eine ganze Generation später, 1992 – nachdem die Staats- und Regierungschefs 1985 über ihren Schatten gesprungen waren und einen neuen Vertrag, die „Einheitliche Europäische Akte", vereinbart hatten (der diesmal auch tatsächlich überall ratifiziert wurde) und mit dem sie das Versprechen erneuerten und bekräftigten, nun aber tatsächlich den Binnenmarkt zu realisieren und über die dazu nötigen Gesetze auch mit (qualifizierter) Mehrheit zu entscheiden. Jetzt ging es nämlich um globale Wettbewerbsfähigkeit, insbesondere mit den USA, und die war nun endgültig nicht mehr in den engen nationalen Grenzen zu gewährleisten. ‚Low' und

‚high politics' waren, wie Keohane und Nye schon knapp zehn Jahre zuvor diagnostiziert hatten, verschmolzen.

Die nächste Etappe auf diesem Weg war der Vertrag von Maastricht, 1992, dessen zentrales Politikprojet die Währungsunion war, die Einführung einer gemeinsamen Währung, des Euro. Darin konnte man die Krönung der wirtschaftlichen Integration sehen, die Bestätigung des gemeinsamen Binnenmarktes durch eine gemeinsame Währung – eine wirtschaftspolitische Logik. Man konnte aber ebenso – und das war insbesondere Helmut Kohls Interpretation – im Euro den Kitt erkennen, der die Europäer unwiderruflich zu einer gemeinsamen Zukunft zusammenbinden sollte. Münzen zu prägen, eine gültige Währung einzuführen, ist seit eh und je Symbol für die Souveränität eines politischen Systems gewesen, auf welcher Ebene auch immer es angesiedelt war. Jetzt sollte dieses Souveränitätsmerkmal europäisch werden. Der Euro war nicht nur eine Stärkung des Binnenmarktes, er war ein Symbol für ‚high politics' par excellence.

Seine Einführung als gemeinsame Währung am 1. Januar 1999 (die Münzen und Scheine kamen erst 2002 in Gebrauch) setzte logischerweise eine Debatte frei, die nichtsdestoweniger atemberaubend war: War mit Binnenmarkt und Währungsunion (samt bevorstehender Osterweiterung, d. h. der Wiedervereinigung ganz Europas) das Ziel europäischer Integration erreicht? War es die Integration der ‚low politics', die immer angestrebt und nun vollendet worden war? Oder waren nicht im Gegenteil Binnenmarkt, Währungsunion und alle ‚low politics' immer nur Mittel zum Zweck gewesen? Waren sie nicht eigentlich nur als Etappen auf dem Weg zu einer ‚politischen' – einer ‚high politics' – Union gedacht gewesen? Musste nicht deshalb jetzt die Ernte eingefahren, musste nicht die Europäische Union jetzt den letzten Schritt tun und, auf der soliden Grundlage der „tatsächlichen Solidarität“, mit Robert Schumans Worten von 1950, sich zu einer Europäischen Föderation erklären? Das war die Verfassungsdebatte, die 2003 zum Verfassungsvertrag führte – aber auch der scheiterte, an zwei Referenden, in Frankreich und den Niederlanden, bei denen die Gründe für die Ablehnung zwar wesentlich innenpolitisch motiviert waren und mit der eigentlichen europäischen Verfassungsfrage wenig zu tun hatten, die aber deprimierend genug waren, um den Versuch der Verfassungsbildung und damit den qualitativen Sprung von den ‚low‘ zu den ‚high politics‘, der doch in der Sache schon längst getan war, formal unmöglich machten. Der jetzt gültige Lissabon-Vertrag, das Substitut für den gescheiterten Verfassungsvertrag, ist im Grunde nichts anderes als letzterer, aber in einer Verkleidung, die die konstitutionelle Dimension des Vertrags unkenntlich macht.

So kann die Zweideutigkeit der EU immer noch gewahrt bleiben und beide Interpretationen können koexistieren: die Interpretation, es handele sich bei der EU um nicht mehr als um eine wirtschaftliche Vereinigung, der gerade so viel und nicht mehr Kompetenzen übertragen werden, wie zum Verfolg ihrer wirtschaftspolitischen Aufgaben nötig ist – und die konkurrierende Interpretation, die EU sei im Grunde ein „unvollendeter Bundesstaat“ (mit Walter Hallsteins Wort, dazu mehr im Abschnitt über die Natur des politischen Systems), in dem über das Schicksal der beteiligten Staaten und Nationen insgesamt, low und high, gemeinsam entschieden werde. Diese Zweideutigkeit wurde der europäischen Integration, der Europäischen Union durch den Schuman-Plan 1950 in die Wiege gelegt.

III.
Management oder Politik? Ging es bei der Europäischen Gemeinschaft für Kohle und Stahl um pragmatisches Marktmanagement oder um hohe Politik?

Das Verhältnis des Schuman-Plans zur Politik kann man noch unter einem anderen Gesichtspunkt betrachten, der diesmal in der Tat ‚Politik' insgesamt zum Gegenüber hat, low oder high. Es war nämlich schon nach dem Ersten Weltkrieg eine Vertrauenskrise nicht nur in diesen oder jenen Staat, nicht nur in Staatlichkeit selbst, sondern in Politik insgesamt aufgekommen – sie wurde ganz fundamental als solche verantwortlich gemacht für die Katastrophen des 20. Jahrhunderts und galt in den Augen nicht weniger nachdenklicher Zeitgenossen prinzipiell als ungeeignet, die komplexen Zusammenhänge moderner Gesellschaften und ihrer Beziehungen zueinander korrekt zu analysieren und angemessen darauf zu reagieren. Dafür sei Politik viel zu sehr von archaischen Wahrnehmungsweisen und Verhaltensformen geprägt, wie von dem Verlangen nach Ruhm und Souveränität – Chimären eines vorwissenschaftlichen Zeitalters. Jean Monnet, der zwar, soweit bekannt, niemals theoretische Literatur las, hatte im Ersten Weltkrieg genau diese Erfahrung gemacht, als er die pragmatische Aufgabe, die beiden gemeinsam kämpfenden Armeen Frankreichs und Großbritanniens mit dem nötigen Nachschub zu versorgen, gegen die Widerstände, die Geheimniskrämerei, den Nationalstolz der Militärverwaltungen und Generäle nur mit großen und in seinen Augen völlig unnötigen Schwierigkeiten lösen konnte.

Stattdessen, so war eine weit verbreitete Auffassung, die jetzt um sich griff, sollte man doch die modernen Mittel wissenschaftlicher Analyse und Problemlösung nutzen. Es war doch ein Zeitalter der Wissenschaft, der Wissenschaftlichkeit, angebrochen, das eine höhere Stufe der Zivilisation, eine vernünftigere, einläutete, als die atavistischen Instinkte, die ‚Politik' antrieben. ‚Technokratie' war ein Schlagwort, das – positiv besetzt – in Gebrauch kam, Ingenieure galten als der Idealtyp des wissenschaftlich gebildeten, pragmatischen, unideologischen Problemlösers. In den USA wurde unmittelbar nach dem Ersten Weltkrieg eine „Technokratische Bewegung" gegründet, mit dem Ziel, Technikern, Ingenieuren, Wissenschaftlern die Bewältigung der komplexen Aufgaben moderner Wirtschaft und Gesellschaft zu übertragen[105], eine ‚Technische Allianz'[106] vereinte zahlreiche Ingenieure, die sich z. B. die Aufgabe stellten, die Energieversorgung der USA effizienter, pragmatischer, zielorientierter zu organisieren.

Nicht nur Fachwissen war für die Lösung moderner Probleme eine notwendige Voraussetzung, auch die Komplexität, die Interdependenz, die Vernetzung zwischen den Problemen musste wissenschaftlich analysiert werden, damit angemessen komplexe Problemlösungen gefunden werden konnten. Seit den zwanziger Jahren entwickelte sich die Wissenschaft von Systemen, die Systemtheorie, die genau diese komplexen Prozesse, mit ihren interagierenden Variablen, ihren Rückkoppelungsprozessen, ihrem nur teilweise vorhersagbaren Verhalten zum Forschungsgegenstand hatte. Der 1901 geborene Ludwig von Bertalanffy,

Philosoph und Biologe, war einer der Pioniere der Systemforschung, die dann prägende Voraussetzung für die frühe Computerwissenschaft und in Kybernetik umbenannt wurde: Der amerikanische Mathematiker und Philosoph Norbert Wiener war ein führender Vertreter dieser Schule; 1948 veröffentlichte er sein Buch „Cybernetics or Control and Communication in the Animal and the Machine"[107] (deutsche Ausgabe: Kybernetik. Regelung und Nachrichtenübertragung im Lebewesen und in der Maschine) und zwei Jahre später „The Human Use of Human Beings – Cybernetics and Society"[108]. Schließlich übertrug David Easton die Systemtheorie auf die Politikwissenschaft und schloss damit die Lücke zwischen Technokratie und Politik wieder; das epochemachende Werk erschien 1953 unter dem Titel „The Political System: An Inquiry into the State of Political Sciences".

Ein Beispiel für die Popularität dieses technokratischen, fachwissenschaftlichen, systemischen Ansatzes in Deutschland sind die Romane von Hans Dominik, deren diverse Auflagen sich bis in das Jahrzehnt nach dem Zweiten Weltkrieg hinein millionenfach verkauften; er gehörte in der Zwischenkriegszeit zu den meistgelesenen deutschsprachigen Autoren. Dominik, selbst als Ingenieur an der Berliner Technischen Hochschule in Charlottenburg, der heutigen TU, ausgebildet, entwarf atemberaubende Szenarien globaler Problemlagen, mit Gefahren für das Überleben Europas oder gleich der ganzen Menschheit – und immer werden die Lösungen von Ingenieuren (es sind immer *deutsche* Ingenieure …) gefunden; sie sind die Heroen des modernen Zeitalters, nicht die Politiker. In vielen Romanen Dominiks gibt es eine europäische Zentralregierung, die meistens in der Schweiz, in Bern, ihren Sitz hat, aber wegen der Zerstrittenheit der Mitgliedstaaten in diesem europäischen Bund letztlich nicht handlungsfähig genug ist, um die drohenden Gefahren abzuwenden. Das übernehmen immer wieder hochbegabte Ingenieure auf eigene Faust, z. B. wenn es darum geht, die feindliche Übernahme Europas durch wiedererstarkte verbündete islamische Reiche zu verhindern („Der Brand der Cheopspyramide") oder Europa vor einer erneuten Eiszeit zu schützen, die dadurch droht, dass der Golfstrom versiegt („Atlantis").

Neben die nur allzu bekannten Fanatismen der Ideologien des 20. Jahrhunderts traten also auch diese Utopien einer wissenschaftlich-technischen Lösung der Menschheitsprobleme. David Mitrany, in die USA ausgewanderter Rumäne jüdischer Abstammung, entwickelte während des Zweiten Weltkriegs eine systematische Theorie von Problemlösungen solcher Art, die nicht von den bestehenden Staaten, sondern von den zu lösenden Problemen, von den zwecks pragmatischer Problemlösung zu erfüllenden Funktionen ausging. Sie sollten von Experten, Technikern, Ingenieuren, Wissenschaftlern übernommen und damit aus den immer wieder aus sachfremden Gründen entweder ineffizienten oder konfliktgeladenen politischen Institutionen herausgehalten werden. „Funktionalismus" ist der Begriff, der sich für diese Theorie einbürgerte, und Mitranys Buch, 1943 veröffentlicht, erhebt tatsächlich diesen Anspruch, die größte Menschheitsfrage der Zeit nicht politisch, sondern technokratisch zu lösen – es handele sich, so der Titel, um „A Working Peace System", ein wirklich funktionierendes System der Friedenssicherung[109].

Diese Hoffnung auf Problemlösungen nicht mittels „Politik“, sondern mittels Sachverstand hatte Einfluss auf und wurde beeinflusst durch die Versuche zu einer wissenschaftlich fundierten Wirtschaftsplanung – die Sowjetunion erhob den Anspruch, eine solche zentrale Planung verwirklichen zu können, und auch die ansonsten marktwirtschaftliche Wirtschaft Frankreichs sollte von Expertise in eine erfolgreiche Zukunft manövriert werden – das französische Plankommissariat war von dieser Hoffnung und Überzeugung inspiriert. Jean Monnet war, wie gesagt, selbst Pragmatiker und setzte auf Expertise statt auf (Partei-)Politik und gerade deshalb war er an Theorien nicht interessiert. Aber sein Verhalten, seine Überzeugungen, seine Aktivität passt perfekt in die funktionalistische, technokratische Strömung der Zeit.

Fast perfekt – er war andererseits bekanntlich sehr nahe an der ‚großen' Politik und war sich bewusst, dass er, dass es Politiker brauchte, die seine Pläne umsetzen. Monnet brauchte Schuman, um die von ihm erdachte Europäische Gemeinschaft für Kohle und Stahl zu realisieren. Und Monnet ließ sich darauf ein, dass diese Gemeinschaft Institutionen haben müssen, die nicht einfach Politik als solche ignorieren. Es musste also nicht nur ein Expertengremium her – die „Hohe Behörde“, die späteren Europäische Kommission – (das hätte Mitranys Ideen am besten entsprochen), sondern mehr, eine demokratische, doppelte Kontrolle, bestehend aus einer parlamentarischen Versammlung und einer Vertretung der Mitgliedstaaten, einem Ministerrat; last not least gehört ein (Verfassungs-)Gerichtshof zu einem wirklich demokratisch-rechtsstaatlichen System.

Die Europäische Gemeinschaft für Kohle und Stahl war also ein Kompromiss zwischen Politik und Technokratie: Der Hohen Behörde wurde das alleinige Initiativrecht eingeräumt, nur sie, mit ihrer ‚technokratischen' Expertise, konnte das ganze System für seine Funktionen einsetzen, es konnte nicht für nationale Prestige- oder Souveränitätspolitik missbraucht werden, und die Hohe Behörde hatte erhebliche eigene Entscheidungsbefugnisse. Aber sie war der Kontrolle, der Partizipation und im Notfall sogar der Absetzung durch Ministerrat bzw. Parlamentarische Versammlung unterworfen. Die Hoffnung war, dass sich dieses Modell der von Experten angetriebenen und von Politik nur kontrollierend begleiteten Problemlösung als erfolgreich erweisen würde, dass andere Politikbereiche in den Sog dieses Erfolges geraten und früher oder später auf die gleiche Weise ‚regiert' werden würden, dass es ein kontinuierliches Übergreifen und Einbeziehen – ein ‚spill-over', wie die Funktionalisten sagten – auf andere Problemlagen, auf andere Funktionen geben würde, und dass auf diese Weise dann letzten Endes doch eine umfassende, föderale Union entstehen würde.

Das war mehr und anderes als von Mitrany entworfen – es war immer noch Funktionalismus, aber doch jetzt ein „Neo-Funktionalismus". Diesen Begriff prägte der (in Frankfurt am Main geborene, jüdische, 1938 emigrierte) amerikanische Politikwissenschaftler Ernst B. Haas, einer der ersten, die in der europäischen Integration einen Prozess erkannten, der auch theoretisch interessant zu werden versprach. Ende der fünfziger Jahre begann Haas, über das, was sich da auf dem europäischen Kontinent entwickelte, mit politikwissenschaftlich-theoretischem Anspruch nachzudenken, 1958 erschien sein Buch

„The Uniting of Europe"; seine Bemühungen, dieses neue Phänomen zu verstehen, gipfelten 1964 in dem Buch „Beyond the Nation State", mit dem Untertitel „Functionalism and International Organization" – das wurde das Standardwerk des Neo-Funktionalismus, und theoretisiert, was Jean Monnet, der Pragmatiker, und Robert Schuman, der Politiker, im Mai 1950 auf den Weg brachten.

Und wieder die Frage nach dem ‚Heute' – ist die Europäische Union ein technokratisches System, wie manchmal beklagt? *Beklagt*, in der Tat, denn von dem Vertrauen darauf, dass die Techniker die Probleme der Menschheit oder auch nur Europas besser lösen können als die Politiker, ist nicht viel übriggeblieben. Noch bis zu den frühen Siebziger Jahre war die Hoffnung, ja vielfach die Gewissheit, dass Wissenschaft und Technik den Weg in eine lebenswerte, bessere Zukunft bahnen würden, weit verbreitet und wurde kaum in Frage gestellt. Die Europäische Atomgemeinschaft, zusammen mit der Europäischen Wirtschaftsgemeinschaft 1958 gegründet, ist dafür ebenso ein Zeugnis wie noch das Konzept des Super-(weil Wirtschafts- *und* Finanz-)Ministers Karl Schiller, der eine „Globalsteuerung" der wirtschaftlichen Entwicklung in der Bundesrepublik mit wissenschaftlichen Mitteln glaubte gewährleisten zu können.[110] Erst in der Krise der 70er Jahre endete dieses Vertrauen in die Problemlösungsfähigkeit von Wissenschaft und Technik, als sich nämlich erwies, dass auch die Fachleute, die Pragmatiker, die Ingenieure des Wirtschaftswachstums kein Rezept gegen die Rezession, gegen die „Stagflation", gegen Arbeitslosigkeit und Inflation fanden, als die „Grenzen des Wachstums" vom Club of Rome[111] aufgezeigt wurden, als die Gefahren der Atomenergie erkannt wurden. „Das Ende der Zuversicht“[112] war auch das Ende der Hoffnungen, die die Generation von Jean Monnet noch auf die Technokraten setzte – der Begriff wurde allmählich mit negativer Bedeutung aufgeladen.

Die Europäische Union und insbesondere die Europäische Kommission haben dennoch weiterhin das Doppelgesicht einer teils von Experten, teils von Politikern geführten Institution. Die Kommissare sind zwar Politiker, von den nationalen Regierungen benannt, aber sie müssen sich, bevor das Europäische Parlament ihrer Ernennung zustimmt, vor den Fachausschüssen des Parlaments einem Examen unterziehen, in dem ihre Expertise auf eine harte Probe gestellt wird. Was verlangt wird, ist Fachkompetenz, nicht politisches Bekenntnis. Und wer dem Anspruch, Fachmann oder -frau zu sein, nicht gewachsen wird, wird nicht selten abgelehnt, welcher politischen Parteienfamilie der oder die KandidatIn auch angehört. Überhaupt wird die Europäische Kommission nicht als Regierung angesehen, nicht nur, weil sie nicht deren Kompetenzen hat, sondern auch, weil sie nicht aus einer politischen Richtungsentscheidung hervorgegangen ist. Immer wieder ist versucht worden, der Kommission einen ‚drive‘ zu einem mehr politischen, mehr regierungsähnlichen Charakter und Image zu verhelfen; aber immer wieder ist die Kommission auch darauf angewiesen, durch fachliche Kompetenz zu überzeugen, da ihre Macht doch weder auf einer klaren Mehrheit im Parlament gründet noch auf einer politischen Mehrheit unter den Mitgliedstaaten, im Europäischen und im Ministerrat. Die Kommission ist nicht nur gezwungen, nach Kompromissen zu suchen, nach dem kleinsten gemeinsamen Nenner, sondern nach überzeugenden Lösungen für sachliche Probleme. Ihre Geburt aus dem (Neo-)Funktionalismus prägt weiterhin ihre Natur als einer zweideutigen, teils technokratischen, teils politischen Institution. Wenn Jacques Delors, der wohl mächtigste und erfolgreichste Kommissionspräsident aller Zeiten (1984–1994) die Europäische Union als „OPNI“, als „Objet politique non-identifié“, als „politische fliegende Untertasse“ (das Wortspiel funktioniert eigentlich nur im Französischen, wo eine „fliegende Untertasse“ als „objet volant non-identifié“, als „nicht-identifiziertes fliegendes Objekt“ bezeichnet wird), dann meinte er gerade diese Zweideutigkeit, die der Europäischen Union 1950 in die Wiege gelegt wurde[113]. Erklären kann man sie, wie man sieht, aber sie lässt sich wohl kaum ausräumen.

IV.
Föderation oder Internationale Organisation? Um was für ein politisches System handelt es sich bei der Europäischen Gemeinschaft?

Die zuletzt angeklungene Frage kann man noch grundsätzlicher stellen – es ist die Frage, um was für ein politisches System es sich handelt, das da 1950 auf den Weg gebracht wurde. War es eine internationale Organisation, nach Art der schon damals bekannten Formen solcher Organisationen – wie die Vereinten Nationen oder der Europarat, nur vielleicht ein wenig besser zusammengebunden (und begrenzt auf die beiden Industriezweige Kohle und Stahl)? Oder war es die Vorform eines neuen staatsartigen Gebildes, das Hoheitsrechte erhalten würde, Gesetze erlassen und auch durchsetzen sollte, die über dem Recht der Mitgliedstaaten stehen sollten, mit einer Zentralregierung (womöglich nach französischem Muster) in Gestalt der Hohen Behörde – ein ‚Superstaat' im Entstehen?

Oder, dritte Möglichkeit, sollte das Ganze von Anfang an einer Föderation, einem Bundesstaat ähneln, mit horizontaler Gewaltenteilung zwischen Legislative, Exekutive und Judikative, wobei die Hohe Behörde die Rolle der Exekutive – der Regierung – zu übernehmen hätte; die Legislative wäre, wie in nahezu allen anderen föderalen Staaten, ein Zweikammersystem geworden, bestehend aus einem direkt gewählten Parlament und einer Vertretung der Mitgliedstaaten? Und ein Gerichtshof wäre dann eine Art Verfassungsgericht, wobei der abzuschließende Vertrag die Rolle einer Verfassung spielte, in der die Grundregeln für das politische System niedergelegt sind. Eine „Regierung", demokratisch-politisch kontrolliert von einem Zweikammer-„Parlament" und juristisch-rechtlich von einem Gerichtshof, darin konnte man die Anlagen zu einer europäischen Föderation erkennen, wie Robert Schuman sie in seiner Verkündung des Plans als Ziel ausgab. Das wäre dann ein ‚Mehrebenensystem' gewesen, in dem manche Kompetenzen auf staatlicher (oder, innerhalb föderaler Mitgliedstaaten, auf regionaler) und andere auf europäischer Ebene wahrzunehmen wären. Insgesamt wäre dieser Bund durch eine horizontale und eine vertikale Gewaltenteilung gekennzeichnet, wie es für demokratische Föderationen charakteristisch ist.

Jean Monnet hatte schon während des Krieges Pläne für eine europäische Föderation entwickelt, für einen wirklichen bundesstaatlichen Zusammenschluss der nach seiner Ansicht zukünftig angesichts der weltpolitischen Konstellation zu kleinen, einzeln zu machtlosen europäischen Nationalstaaten. In den verschiedenen Versionen des Plans, der dann zwischen Ende April und dem 9. Mai immer wieder überarbeitet und ausformuliert wurde, wurde die föderale Zielperspektive immer wieder anders, mehr und mehr allerdings diplomatisch formuliert, d.h. in einer Weise, die geeignet war, den zu erwartenden Widerstand der französischen Diplomatie und Regierung, vielleicht auch der Öffentlichkeit, in Grenzen zu halten. Die erste Fassung z.B. sprach von einem „Souveränitätstransfer", eine Formel, die später wieder gestrichen wurde. Auch von einer „Europäischen Föderation" und davon, dass Europa „auf föderaler Grundlage organisiert werden muß", war in der noch sehr unverblümten ersten Fassung die Rede. Die dritte Variante tritt mit einer geradezu kämpferisch anmutenden Formel gegen das Souveränitätsmonopol der Nationalstaaten an: „Dieser Vorschlag [...] hat eine grundsätzliche politische Bedeutung: in den Wall der staatlichen Souveränität eine Bresche zu schlagen, die hinreichend begrenzt ist, um überall Zustimmung zu finden, und hinreichend tief, um die Staaten auf den Weg der Einheit zu bringen, die für den Frieden nötig ist." Daraus wurde dann, etwas konzilianter formuliert, in der achten Fassung, im Schlusssatz, die Ankündigung, es handele sich um die „ersten Fundamente" einer „europäischen Föderation", die „unabdingbar für den Frieden" sei. In der Erklärung, die Robert Schuman dann am 9. Mai bei der Veröffentlichung des Plans tatsächlich abgab, ist auch diese Formel noch einmal – zweifellos absichtlich, um ihrer Akzeptanz willen – verwässert: Sein Vorschlag bilde „den ersten Grundstein einer europäischen Föderation bilden, die zur Bewahrung des Friedens unerläßlich ist." Immerhin ist der Begriff der Föderation erhalten geblieben und aus den vorangegangen Versionen geht hervor, dass hinter der blasseren Fassade des verkündeten Projekts eine eindeutige und entschiedene föderale Vision stand, die sich auch nicht scheute, den unvermeidlichen Konflikt mit den Staaten um Souveränität ins Auge zu fassen. Und im Munde eines französischen Außenministers war der Begriff „Föderation" allein schon, zudem noch im Hinblick auf eine solche föderale Einbindung (West-) Deutschlands, wahrhaft revolutionär genug.

Dass gerade Jean Monnet und Robert Schuman ein supranationales, föderales europäisches Leitbild entwickeln konnten, lag möglicherweise auch daran, dass sie etwas gemeinsam hatten, was bislang unbeachtet geblieben ist: Beide stammten nicht aus dem Pariser Milieu, wo die jakobinistische, zentralstaatliche, souveränitätsorientierte politische Kultur Frankreichs ihre stärkste Bastion hatte und hat. Robert Schuman, wie bekannt, hatte in seiner Jugend, in seiner Prägung auch die föderale deutsche Geschichte und Kultur in sich aufgenommen und war seiner Herkunftsregion, Lothringen, sicher ebenso verbunden wie dem französischen Nationalstaat. Eine subnationale (regionale) wie supranationale (europäische) bundesstaatliche Ordnung war in seinem politischen Gedankenkreis kein völliger Fremdkörper. Und selbst Jean Monnet kam ursprünglich aus einer Region Frankreichs, die nicht allein auf Paris blickte, sondern zum Atlantik hin offen war und die in ihrer Geschichte schon mehrfach Widerstand gegen den Pariser Zentralismus geleistet hatte, vor allem in den Zeiten der Französischen Revolution, als die „Girondisten" aus der Region um Bordeaux und die Aufständischen der Vendée, nördlich davon, dem Anspruch, alle staatliche Gewalt müsse in Paris konzentriert sein, die Vision eines föderalen Frankreichs entgegensetzen. Der französische Nationalfeiertag, der 14. Juli, ist in Wirklichkeit das Gedenken nicht an den Sturm auf die Bastille im Jahr 1789, wie vielfach (auch in Frankreich) angenommen, sondern die Wiederholung des „Festes der Föderation", das genau ein Jahr später auf der Pariser Marsfeld unter dem kurzfristig dominierenden Leitbild einer ‚in Vielfalt geeinten', föderalen französischen Nation stattfand. Monnet und Schuman konnten also gewissermaßen die föderalen Flügel der politischen Kultur Frankreichs entfalten, um ihren Plan als Leitbild vorzutragen, in einem immer wieder aufflackernden Widerstand gegen eine nationalstaatlich-souveränistische Pariser politische Kultur.

Die Deutschen waren insbesondere angetan von der Idee, den Weg in eine europäische Föderation zu ebnen, was natürlich nahe lag, da doch die deutsche politische Kultur und Geschichte stark von diesem Modell geprägt worden war und diese föderale politische Kultur Deutschlands allein während des Nazi-Regimes durch einen diktatorischen Zentralismus abgelöst worden war. Während der Verhandlungen entwarf die deutsche Delegation, insbesondere der Chefunterhändler Walter Hallstein und seine rechte Hand, Carl Ophüls, einen Plan für einen „Montan-Kongress", wobei ‚Kongress' auf das US-amerikanische Zweikammerparlament Bezug nimmt: Dementsprechend sollte eine später direkt zu wählende Parlamentskammer, ein europäisches Parlament, und eine zweite Kammer, die die Mitgliedstaaten und ihre Interessen repräsentierte – der Ministerrat –, den präföderalen Charakter der zukünftigen Gemeinschaft für Kohle und Stahl garantieren.

In dieser Absicht wurde die deutsche Delegation vom Bundestag unterstützt, der schon am 26. Juli 1950 eine Entschließung für einen europäischen „Bundespakt" verabschiedete, in der es u.a. hieß: „In der Überzeugung, dass die gegenwärtige Zersplitterung Europas in souveräne Einzelstaaten die europäischen Völker von Tag zu Tag mehr in Elend und Unfreiheit führen muss, tritt der in freien Wahlen berufene Bundestag der Bundesrepublik Deutschland für einen Europäischen Bundespakt ein". Dieser solle „eine übernationale Bundesgewalt schaffen, die sich auf allgemeine, unmittelbare und freie Wahlen gründet und über gesetzgebende, ausübende und richterliche Kompetenzen verfügt." Diese Bundesgewalt solle u. a. „die wirtschaftliche Einheit Europas auf der Grundlage sozialer Gerechtigkeit herbeiführen", „eine gemeinsame europäische Außenpolitik ermöglichen", die Gleichheit unter den Völkern und die Grundrechte der Bürger garantieren[114]. „Die Regierung Adenauer interpretierte ihre Europapolitik als Umsetzung dieses Leitbildes in die politische Wirklichkeit – und sie konnte sich auf die Zustimmung der Wähler und die Mitwirkung breiter Kräfte stützen."[115] Die deutsche Delegation in den Verhandlungen über den Schuman-Plan war also sehr gut legitimiert, wenn sie die föderalen Ansätze des Schuman-Projekts stärken und herausarbeiten wollte.

Walter Hallstein, der zwischen 1958 und 1968 der erste Präsident der Kommission in der 1958 gegründeten Europäischen Wirtschaftsgemeinschaft wurde, bestand noch 1969, in seinem politischen Testament – einem Buch mit dem Titel „Der unvollendete Bundesstaat" – darauf, dass dies von Anfang an und immer noch die ‚Finalität', die Zielperspektive der Gemeinschaftsbildung sei[116]. Schließlich hatte die Bundesrepublik, jedenfalls noch 1950, aber auch nicht viel an Souveränität zu verlieren – sie hatte ja kaum welche, unter dem weiterhin geltenden Besatzungsstatut ... Ein wenig gründlicher gedacht: In Deutschland war die Idee der nationalen Souveränität durch die Nazi-Diktatur bis in ein nationalistisches Extrem getrieben wurden, dass die ganze Idee entwertet hatte. Warum also nicht stattdessen auf einen europäischen Bundesstaat setzen?

Prägend für die Entwicklung der europäischen Integration wurden die Kompromisse, die in den Monaten zwischen Juni 1950 und April 1951 erzielt wurden, insofern, als sie alle drei Deutungen des neu geschaffenen politischen Systems zulassen – die eines zentralistischen Systems mit relativ geringen demokratischen Kontrollorganen; die eines intergouvernementalen System, in dem die Mitgliedstaaten kooperieren und sich dazu gemeinsamer Institutionen bedienen; und die eines entstehenden föderalen Systems, das auf dem Weg zum Bundesstaat war. Die seitdem immer wieder, ob zu Recht oder zu Unrecht, beklagte Offenheit der Zielperspektive, der angebliche Mangel einer ‚Finalität' für die europäische Einigung hat hier ihren Ursprung und ihren guten Grund: Ohne diese Kompromisse hätte es sie nämlich gar nicht gegeben, ohne diese Offenheit hätte es keine Einigung auf die ersten (und manche späteren) Schritte gegeben; über die ‚Finalität' war nie Einigkeit zu erzielen, immer nur über nächste Schritte.

Die kleineren Mitgliedstaaten, allen voran die Niederländer, aber assistiert auch von den Belgiern, waren es, denen besonders daran gelegen war, die Stimme der Staaten als solcher, als Mitgestalter der Europäischen Gemeinschaftsbildung, in den Entscheidungsprozess des Institutionengefüges einzubringen. Das mag auf den ersten Blick überraschen, da doch gerade sie, als ‚kleine' Mitgliedstaaten, auf diese Weise den Abstand zwischen den ‚Großen' – Frankreich, (West-)Deutschland und Italien – und ihnen selbst erst in Szene setzten. Aber auf der anderen Seite hatten sie berechtigte Bedenken, dass ein ‚gemeinsames europäisches Interesse', das die supranationale Hohe Behörde, assistiert von einer parlamentarischen Versammlung, zu verfolgen hatte, doch stark einem kombinierten französisch-deutschen Interesse ähneln würde, und dass sie selbst als ‚quantités négligeables' behandelt werden würden. Auf Drängen der Benelux-Länder vor allem wurde eine Institution in das System aufgenommen, die die Mitgliedstaaten und ihre (national-)staatlichen Interessen ausdrücklich in den Entscheidungsprozess einschleusen sollte – das wurde der Ministerrat.

So kam es, dass am Ende ein immer noch neuartiges institutionelles System stand, mit einer Hohen Behörde, der das alleinige Initiativrecht für alle Beschlüsse übertragen wurde, die manche davon auch unmittelbar durchsetzen konnte, in vielen Belangen aber die Zustimmung eines Ministerrates brauchte, in dem die Vertreter der Mitgliedsstaaten deren Interessen zur Geltung bringen konnten. Kontrolliert wurden sie von einer zunächst nur konsultativen parlamentarischen Versammlung, in die die Mitgliedsstaaten Delegierte entsandten, die aber wenigstens die Hohe Behörde durch ein Misstrauensvotum aus dem Amt treiben konnte – das Europäische Parlament, das sich daraus entwickelte, wurde erst ab 1979 direkt gewählt und erhielt erst mit dem Lissabon-Vertrag 2007 nahezu gleiche Gesetzgebungsbefugnisse wie der Ministerrat. Auch eine rechtliche Kontrolle wurde bekanntlich vereinbart, in Gestalt eines Gerichtshofes, der nach Art eines Verfassungsgerichts darüber wachen sollte, dass die Organe der Gemeinschaft vertragsgemäß handelten.

Der Ministerrat hatte von Anfang an erheblichen Einfluss – und gewann in der Zukunft noch mehr – auf die Entscheidungen der Gemeinschaft, mehr als die parlamentarische Versammlung. Die Regierungen hatten ihre eigenen Interessen, als Regierungen, höher eingestuft als die Interessen derer, in deren Namen sie verhandelten, die der Bürger und Nationen, die in der Parlamentarischen Versammlung nur eine untergeordnete Rolle spielen sollten. Die BürgerInnen mussten sich erst in einem generationenlangen Kampf die Gleichberechtigung mit den Regierungen erringen, und ganz gelungen ist das immer noch nicht, da inzwischen nicht so sehr die Minister als vielmehr die Regierungschefs, im Europäischen Rat, die wichtigsten Entscheidungen an sich gezogen und damit dem Europäischen Parlament, aber auch ihren nationalen Parlamenten, wieder entzogen haben – das ist letztlich der wichtigste Rest des ansonsten überschätzten sogenannten Demokratieproblems der Europäischen Union.

Und heute …? Die Liste der Versuche, sich über eine föderale Zielperspektive klar zu werden, ist lang geworden im Laufe der Jahrzehnte. Immer wieder wurden Vorschläge unterbreitet und Anläufe unternommen, die Europäischen Gemeinschaften und später die Europäische Union nun doch endgültig auf das Ziel einer europäischen Föderation zu verpflichten, vom Verfassungsentwurf des erstmals direkt gewählten Europäischen Parlaments Anfang der 80er Jahre über die Versuche, Föderalismus als Integrationsziel in den Maastrichter Vertrag hineinzuformulieren und dann vor allem den Europäischen Verfassungsvertrag; daneben gab es immer wieder Pläne und Projekte aus der Zivilgesellschaft, aber auch aus der Politik – wie Joschka Fischers Rede aus dem Jahr 2000, zum fünfzigsten Jahrestag der Schuman-Erklärung, die überschrieben war „Vom Staatenverbund zur Föderation“[117].

Entschieden wurde die Frage, auf welche Zielperspektive hin sich die europäische Integration entwickeln sollte, nie. Eine „immer engere Union der Völker Europas“ sei das Ziel, sagt die Präambel zu dem derzeit gültigen, dem Lissabon-Vertrag, und das sagt sie schon seit 1957, als der Vertrag über die Europäische Wirtschaftsgemeinschaft den nächsten Schritt über die Europäische Gemeinschaft für Kohle und Stahl hinaus tat – eine Formel, die großen Interpretationsspielraum lässt, weil sie in keiner Systematik politischer Systeme vorkommt – weder in föderalen noch in konföderalen, weder in zentralistischen noch in bloß kooperativen.

Die ursprüngliche Offenheit, um es positiv zu sagen, oder Zweideutigkeit, mit einem weniger positiven Begriff, ist geblieben. Das Bundesverfassungsgericht hat in seinem Urteil zur Rechtmäßigkeit der Kompetenzverteilung, wie sie der Lissabon-Vertag vorsieht, im Jahre 2009 den neuen Begriff „Staatenverbund" geprägt[118], und damit der Zweideutigkeit einen Namen gegeben: Die EU ist mehr als ein (konföderaler) Staatenbund, aber auch kein (föderaler) Bundesstaat – allenfalls ein immer noch „unvollendeter Bundesstaat", wie Walter Hallstein vor 51 Jahren, 19 Jahre nach Schumans Erklärung, formulierte. Auch diese Zweideutigkeit wurde mithin der europäischen Integration bei ihrer Geburt am 9. Mai 1950 in die Wiege gelegt[119].

V.
Interessen oder Werte?
War die Europäische Integration von Anfang an mehr von gemeinsamen Werten bestimmt oder diente sie dem Interessenausgleich?

Mitte der 60er Jahre prägte Hans-Peter Ipsen, einer der damals führenden deutschen Europarechtler, für die Europäischen Gemeinschaften auf dem Weg zum gemeinsamen Markt den Begriff „Zweckverband". Er schaute, als Jurist, auf die Verträge und die darin den Europäischen Gemeinschaften übertragenen Aufgaben, insbesondere die, einen großen gemeinsamen Binnenmarkt zu schaffen, und die dazu nötigen, von den Mitgliedstaaten der EWG, der Europäischen Wirtschaftsgemeinschaft, übertragenen Funktionen. Diese Qualifikation der Europäischen (Wirtschafts-)Gemeinschaft als funktionaler Zweckverband war ein Höhepunkt in einer langen Diskussion um die Frage, ob die Europäische Integration mehr von Interessen oder mehr von Werten geleitet und geprägt wird – zugunsten der Auffassung, Interessen seien der bei weitem dominierende Faktor. Und wenn das für das weitreichende Projekt eines umfassenden Binnenmarktes, d. h. also eines Marktes für alle Wirtschaftsbereiche gilt, dann müsste es doch umso mehr für die 1950 ausgewählten begrenzten Sektoren von Kohle und Stahl gelten? War das, was Jean Monnet, Robert Schuman, Konrad Adenauer und ihre Mitstreiter vor Augen hatten, ein „Zweckverband", bei dem es um den rechtlich geregelten Verfolg von Interessen, um ihren nicht-kriegerischen Ausgleich, gehen sollte? Oder war es ein Projekt, das auf gemeinsamen Wertvorstellungen beruhte und diesen geteilten Werten dienen, zu einem politischen Gebilde führen sollte, das eine Wertegemeinschaft war oder werden sollte?

Zweifellos waren Interessen im Spiel – es ging für die französische Wirtschaft darum, Zugang zur deutschen Kohle zu gewinnen, es ging für Jean Monnet darum, der französischen Montanindustrie einen Modernisierungsschub zu verpassen, indem sie europäischer Konkurrenz auf einem gemeinsamen Markt ausgesetzt wurde, es ging für Konrad Adenauer darum, die alliierten Begrenzungen der Kohle- und Stahlproduktion vor allem im Ruhrgebiet aufzuheben, es ging ihm darum, die Bedingungen für eine Wiederbelebung, einen Aufschwung, für das Wachstum der bundesdeutschen Wirtschaft zu schaffen, es ging ihm darum, den Konflikt um das Saarland zu neutralisieren, es ging ihm darum, (West-)Deutschland wieder als gleichberechtigten Partner internationaler Beziehungen zu etablieren – alles unzweideutig dem Bereich der „Interessen" zuzuordnende Motive für den Plan Schumans und Adenauers Zustimmung dazu.

Aber das war bekanntlich nicht alles. Wie schon bei der Diskussion des Verhältnisses zwischen ‚Wirtschaft' und ‚Politik' deutlich wurde, war mehr im Spiel als Wiederaufbau und Wirtschaftswachstum. Allerdings ist es nicht einfach so, dass Interessen der Wirtschaft und Werte der Politik zuzuordnen wären; jedenfalls sind auch in der Politik Interessen am Werk, wie eben beispielsweise das eben erwähnte bundesrepublikanische Interesse an Gleichbehandlung in den internationalen Beziehungen.

Aber dann wird die Unterscheidung zwischen Interessen und Werten schwieriger: Es war deutlich erkennbar, dass Friedenssicherung ein Grund- und Hauptmotiv des Schuman-Plans war – ist Frieden ein Interesse oder ein Wert? In den „Leitlinien der Bundesregierung“ zum Thema „Krisen verhindern, Konflikte bewältigen, Frieden fördern“, einem „ressortübergreifenden Gesamtkonzept“, vom Auswärtigen Amt für die Bundesregierung 2017 formuliert, heißt es: „Die Förderung des Friedens in der Welt gehört vor dem Hintergrund unserer historischen Erfahrung zu den zentralen Staatszielen, die das Grundgesetz deutscher Politik vorgegeben hat. Wir sind auch aus ethischer Verpflichtung und aus eigenem Interesse gefordert, uns weltweit dafür einzusetzen, Krisen zu verhindern, Konflikte zu bewältigen und den Frieden zu fördern.“ Und im Kommentar des Auswärtigen Amtes dazu wird betont: „Die besondere Verantwortung für den Frieden, die aus der deutschen Geschichte erwächst, ist die Grundlage für das friedenspolitische Leitbild der Leitlinien. Kriege und Völkermord zu verhindern, Minderheiten und Menschenrechte zu schützen, gehört zur deutschen Staatsräson. Gleichzeitig gibt es kaum noch eine Krise, die irgendwann nicht auch in Deutschland zu spüren ist. Krisenstaaten nachhaltig zu stabilisieren ist aus diesem Grund immer auch im deutschen Interesse.“[120]

Offenkundig ist Friedenssicherung *sowohl* Interesse *als auch* Wert – die Unterscheidung ist nur analytisch haltbar, in der Praxis sind Interessen und Werte unauflöslich miteinander verbunden. Das gilt genauso für die friedenssichernde und zugleich wirtschaftsfördernde und damit wertorientierte wie zugleich interessengeleitete Initiative zur Gründung einer Europäischen Gemeinschaft für Kohle und Stahl.

Aber die Wertorientierung beschränkte sich nicht auf Friedenssicherung, sie griff tiefer zurück auf die Überzeugungen und Motive der Beteiligten. Vielleicht kann man graduell differenzieren zwischen Jean Monnet einerseits und Robert Schuman andererseits, auch wenn dieser Versuch möglicherweise den Motiven Monnets Unrecht tut: Es scheint so, als würde im Denken Jean Monnets das Verhältnis zwischen Interessen und Werten in einem anderen Mischungsverhältnis stehen als bei Robert Schuman – Monnet äußert sich jedenfalls mehr interessenorientiert, mehr interessiert an der Lösung praktischer Probleme in Wirtschaft und (Deutschland- und Europa-)Politik, auch wenn das keineswegs heißen soll, seine Planungen seien ohne Wertebezug. Für Robert Schuman dagegen scheint, auch wenn er sich dazu nicht ausdrücklich geäußert hat, der Wertebezug die dominierende Ebene seiner vielschichtigen Motive gewesen zu sein. Mangels sicherer Quellen ist darüber spekuliert worden, was ihn dazu bewogen haben könnte – an jenem Wochenende vom 29. und 30. April 1950, als er allein in seinem Zuhause in Scy-Chazelles bei Metz über den Plan Monnets nachdachte und ihm schließlich zustimmte –, diese Kehrtwende französischer Deutschlandpolitik tatsächlich zu vollziehen, in eigener Verantwortung, gegen Widerstände, die den Plan wohl hätten scheitern lassen, wenn er nicht mit List und Taktik vorgegangen wäre.

Es ist nicht überraschend, dass sich diese Interpretationen seiner Entscheidung auf Schumans oft bekannte christliche Glaubensüberzeugungen berufen, auf seine intensive Beschäftigung mit der Theologie seiner Zeit, vor allem mit der theologischen Schule, die einen „integralen Humanismus" predigte. In diesem Horizont von Glaubensüberzeugungen ist Versöhnung, selbst mit ‚Erbfeinden', eine positive Wertvorstellung, eine ehrenvolle, ethisch ‚wert'-volle Haltung. Bedurfte es nicht einer solchen ethischen, einer solchen Wertegrundlage, damit Schuman sich den Plan Monnets zu eigen machen und aus voller Überzeugung unterstützen, ja selbst realisieren konnte?[121] Damit soll wiederum nicht gesagt sein, dass nicht auch andere, auf anderen Grundlagen, diese Wertvorstellungen entwickeln konnten; aber im konkreten Fall Schumans – und Ähnliches gilt für Adenauer – war es eben tatsächlich die christliche Versöhnungstheologie, die das Fundament an Werten lieferte, auf dem sich eine Europäische Gemeinschaft solide gründen ließ[122]. Schumans christliche Motivation für seine Entscheidung, europäische Einigungspolitik zu betreiben, ist sogar zum Anlass genommen worden, seine Seligsprechung zu verlangen. Dazu wurde 1989 in Metz eigens ein Institut, das „Institut Saint-Benoît Patron de l'Europe", ins Leben gerufen. Es hat kein anderes Ziel als die Seligsprechung Robert Schumans zu fördern; mit diesem Ziel wurden 2004 zahllose Akten und Unterlagen an den Vatikan übergeben; eine Entscheidung steht noch aus. Wie immer sie ausfällt und ob sie berechtigt ist oder nicht – offensichtlich ist, dass Schuman nicht allein durch ‚Interessen' geleitet wurde, als er sich für den Plan Monnets entschied.

Fünfzig Jahre nach dem Ereignis, von dem hier die Rede ist, hat Jacques Delors, zu diesem Jahrestag, in Luxemburg eine sehr anspruchsvolle Rede gehalten, unter dem von Hannah Ahrendt, der großen jüdisch-deutschen politischen Philosophin, entlehnten Titel „Verzeihen und Versprechen"[123]. Bei diesem Nachdenken über „das lebendige Erbe Robert Schumans" – so der Untertitel der Rede – anerkennt Delors, dass in dem Entwurf vom 9. Mai 1950 „die Matrix all dessen enthalten war, was bis heute realisiert worden ist. Alles war darin vorhanden: Der Sinn der ganzen Veranstaltung, natürlich, aber auch ein institutionelles System, das Fortschritte möglich machte, die sogenannte ,Gemeinschaftsmethode', die auch heute noch der Maßstab ist. Hannah Ahrendt hat diese Themen in ,Vita Activa oder vom tätigen Leben' 1961 behandelt, viel später als die Erklärung vom 9. Mai [1950]. Und dennoch, wie sollte man nicht die ethische Beziehung zwischen den beiden Persönlichkeiten erkennen? Denn die Philosophin bezieht sich auf das Evangelium, um ihre These zu stützen. Deshalb zitiert sie das Evangelium des Matthäus: ,Denn so ihr den Menschen ihre Fehler vergebt, so wird euch euer himmlischer Vater auch vergeben.' Wie sollte man diesen Bezug nicht mit dem verbinden, den auch Robert Schuman immer wieder zu seinem christlichen Glauben herstellt? Die Begriffe sind ein wenig anders, aber der Geist ist der gleiche: ,Und in einem Paradox, das uns überraschen würde, wenn wir nicht – vielleicht unbewusst – Christen wären, reichten wir unseren Feinden von gestern die Hand, nicht einfach zur Vergebung, sondern um das Europa von morgen zu bauen.'"

Auch Hans-Peter Ipsen hat später anerkannt, dass die europäische Integration nach Jahrzehnten des Interessenausgleichs unter den „Marktbürgern" – ein ebenfalls von ihm geprägter Begriff – doch allmählich wieder auf die ursprüngliche Zielrichtung einer Wertegemeinschaft einschwenkte: Er empfahl den Begriff des „Gemeinschaftsbürgers" für die individuellen Mitglieder der Europäischen Gemeinschaften, ein Begriff, der sich dann ohne große Schwierigkeiten in den des „Unionsbürgers" überführen ließ, als nämlich der Maastrichter Vertrag 1992 die „Unionsbürgerschaft" einführte und die „Gemeinschaft" in

„Union“ umbenannte. Und der Lissabon-Vertrag, die ‚Verfassung‘ der EU heute, schöpft, so die Präambel „aus dem kulturellen, religiösen und humanistischen Erbe Europas, aus dem sich die unverletzlichen und unveräußerlichen Rechte des Menschen sowie Freiheit, Demokratie, Gleichheit und Rechtsstaatlichkeit als universelle Werte entwickelt haben“ – eine wortwörtlich „Werte“-bezogene Legitimation der Europäischen Union.

Zweifellos geht es immer noch auch um Interessen, um ihre Förderung, ihren Ausgleich, um die friedliche, rechtsbasierte Lösung von Interessenkonflikten – es geht um Handel und Finanzen, um Landwirtschaft, Industrie, Dienstleistungen, um Umwelt, Klima, Artenschutz, um europäische Interessenvertretung in den Arenen der Weltpolitik, in der Welthandelsorganisation, in den G20 und anderen Formaten. Aber es geht auch um die gemeinsamen Werte, die Europäer miteinander verbindet; diese Seite der Medaille bekräftigt die Europäische Grundrechtecharta noch einmal besonders stark: „Die Völker Europas sind entschlossen, auf der Grundlage gemeinsamer Werte eine friedliche Zukunft zu teilen, indem sie sich zu einer immer engeren Union verbinden.

In dem Bewusstsein ihres geistig-religiösen und sittlichen Erbes gründet sich die Union auf die unteilbaren und universellen Werte der Würde des Menschen, der Freiheit, der Gleichheit und der Solidarität. Sie beruht auf den Grundsätzen der Demokratie und der Rechtsstaatlichkeit. Sie stellt den Menschen in den Mittelpunkt ihres Handelns, indem sie die Unionsbürgerschaft und einen Raum der Freiheit, der Sicherheit und des Rechts begründet. Die Union trägt zur Erhaltung und zur Entwicklung dieser gemeinsamen Werte unter Achtung der Vielfalt der Kulturen und Traditionen der Völker Europas sowie der nationalen Identität der Mitgliedstaaten und der Organisation ihrer staatlichen Gewalt auf nationaler, regionaler und lokaler Ebene bei."[124] Auch dieses zweifache Fundament europäischer Integration – als interessegeleiteter „Zweckverband" einerseits und als Wertegemeinschaft andererseits – wurde also bereits 1950 im Plan für eine Europäische Gemeinschaft für Kohle und Stahl gelegt.

VI.
Strukturen und Personen – waren die strukturellen Zwänge maßgeblich für den Weg in die Integration oder entschieden die handelnden Personen in Freiheit?

Dafür, dass Jean Monnet seinen Plan entwickelte, Robert Schuman ihn politisch durchsetzte, Adenauer seine Zustimmung gab, sprachen viele Umstände, ja Zwänge, von denen die handelnden Personen umgeben, getrieben waren. Man könnte die Gründungsgeschichte der Europäischen Gemeinschaft für Kohle und Stahl auch unpersönlich erzählen, ohne die Namen, ohne die Persönlichkeiten der beteiligten Menschen zu nennen, und doch würde die Geschichte plausibel klingen, so als hätte man alles hinreichend erklärt:

Die USA und Großbritannien waren, mit unterschiedlichen Akzenten, daran interessiert, dass die neu gegründete Bundesrepublik ihre Rolle im westlichen Bündnis so bald wie möglich einnahm, angesichts der vermuteten sowjetischen Expansionsgelüste. Dazu war es nötig, die westdeutsche Wirtschaft wieder florieren zu lassen (besonders im britischen Interesse) und die Bundesrepublik sogar wieder zu bewaffnen (besonders im amerikanischen Interesse). Frankreich hatte damit ein Problem, weil auf diese Weise (West-)Deutschland wieder zu einer Bedrohung für seine Sicherheit werden konnte und musste, durfte deshalb das Problem auf eigene Weise lösen. Aus wirtschaftlichem Gesichtspunkt war es dringend wünschenswert, der französischen Kohle- und Stahlindustrie einen Wachstumsschub zu verpassen, durch Zugang zu mehr Ressourcen (die besonders in Westdeutschland lagen) und durch Wettbewerb, der die nicht sonderlich innovationsfreudigen französischen Industrien anschieben, mobilisieren würde.

Die Blockbildung, die bilateralen französisch-deutschen Beziehungen und die wirtschaftliche Entwicklung – all diese objektiven, unpersönlichen, strukturellen Bedingungen drängten in die Richtung, die dann tatsächlich eingeschlagen wurde: Eine Europäisierung von Kohle und Stahl würde die Bundesrepublik in das westliche Bündnis einbinden, würde die französischen Sicherheitsbedenken ausräumen, würde der französischen (und natürlich auch der deutschen) Kohle- und Stahlindustrie neue, dynamische Wachstumschancen bescheren. War also das, was Jean Monnet vorschlug, was Robert Schuman umsetzte, was Adenauer guthieß, einfach bloß das Gegebene, musste es gar nicht ge- oder erfunden werden, waren es die strukturellen Bedingungen, die es mehr oder weniger erzwangen? Zugespitzt formuliert: War es mehr oder weniger egal, wer den Plan entwickelte, wer ihn umsetzte, wer ihn guthieß? Hätten andere an Stelle von Monnet, Schuman und Adenauer letztlich auch nicht anders handeln können? Waren die handelnden Personen nur ausführende Organe einer strukturellen Zwangslage, die allein hinreichend erklärt, was geschah?

Oder war es gerade umgekehrt: Bedurfte es gerade dieser Persönlichkeiten, mit ihrem ganz spezifischen, individuellen Profil, ihrer Erfahrung, ihren Überzeugungen, ihrem Charakter, damit diese Entscheidung zur Überwindung nationalstaatlicher Souveränität zugunsten einer europäischen Gemeinschaftsbildung, damit diese Versöhnung, damit dieser Sprung über den eigenen, langen Schatten des Nationalstaates getroffen werden konnte? Konnten nur sie, Monnet, Schuman, Adenauer, diesen Ausweg aus dem Labyrinth der strukturellen Bedingungen finden, weil nur sie Augen für diesen Ausweg hatten, der anderen gar nicht in den Sinn gekommen und deshalb für andere nicht in Frage gekommen wäre? Denn die drei, die die Hauptrollen spielten, hatten ja in der Tat ganz besondere Qualifikationen, ganz besondere Eigenschaften, die sie dazu befähigten, diese ganz neuartige, ja revolutionäre Lösung zu finden, diesen „Sprung ins Unbekannte" – wie Schuman bestätigte – zu wagen, den Absprung zu finden und visionär eine Landung in einem föderal geeinten Europa anzuvisieren:

Jean Monnet mit seiner pragmatischen Analyse objektiver Faktoren und seiner Erfahrung, dass staatliche Souveränität solchen pragmatischen, funktionalen, zielführenden Lösungen eher im Weg stand und deshalb gegebenenfalls eben ignoriert werden müsse; Robert Schuman mit seiner Erfahrung des Leidensschicksals von Grenzregionen, die immer wieder Opfer von Kriegen zwischen den benachbarten Nationalstaaten werden, mit seinen Glaubensüberzeugungen, die ihm Aussöhnung selbst mit einem ‚Erbfeind' als wert-volle, ethisch hoch zu veranschlagende Haltung nahelegten, mit seinem Verständnis für die deutsche Sicht der Dinge, mit seiner regionalen, lothringischen und seiner ebenso stark erlebten übernationalen, europäischen, christlichen Identität; Konrad Adenauer, der bis zur Bitterkeit, ja bis zur physischen Erschöpfung unter dem fanatischen Nationalismus gelitten hatte, er, der sich immer schon als Rheinländer mit dem doch ebenfalls (jedenfalls teilweise) rheinländischen Frankreich kulturell verbunden gefühlt hatte und dem deshalb die deutsch-französische Versöhnung im europäischen Rahmen am Herzen (nicht nur im Kopf!) lag, der Schumans religiöse Beweggründe teilen konnte – waren es also gerade diese drei, konnten nur sie den Weg zur europäischen Integration finden?

Wie in allen vorangegangenen Überlegungen auch: Das ‚entweder (strukturelle Zwänge) – oder (persönliche Verantwortung)' enthält die falsche Suggestion, dass nur das eine *oder* das andere richtig sein kann. In Wirklichkeit lässt sich beides durchaus miteinander vereinen. Zweifellos bestand eine Konstellation aus strukturellen Zwängen, die nach einem Ausweg, einer Lösung verlangte, und wer auch immer französischer Außenminister war – am 10. Mai 1950 mußte er in London Farbe bekennen und die von den anderen beiden Westalliierten gestellte Frage, was mit der Bundesrepublik denn nun werden solle, beantworten. Diesem strukturellen Zwang hätte sich niemand entziehen können – irgendeine Antwort auf diese Herausforderung hätte jeder französische Außenminister geben müssen. Jean Monnet – oder wer auch sonst – konnte nur vorschlagen, und Adenauer – oder wer auch sonst an seiner Stelle – konnte nur zustimmen (oder ablehnen); beide hatten nicht die funktionale und moralische Autorität, selbst Entscheidungen zu treffen; der französische Außenminister allein – allerdings mit dem Rückhalt eines Kabinettsbeschlusses – musste es tun.

Aber er musste nicht unbedingt gerade diese Entscheidung – für eine supranationale Gemeinschaft für die Kohle -und Stahlindustrien – treffen. Es ist, wie immer in der Geschichtswissenschaft, müßig, sich zu fragen, welche Lösung denn sonst für das Problem hätte gefunden werden können. Jeder Versuch, diese

Frage zu beantworten, muss notwendigerweise Spekulation bleiben, da eben keinerlei Beweise vorgelegt werden können für etwas, was dann nicht geschah. Deshalb kann man nur sagen, dass andere Persönlichkeiten mit sehr großer Wahrscheinlichkeit eine andere Antwort auf die strukturelle Herausforderung gegeben hätten – welche das hätte sein können, steht in den Sternen. George Bidault beispielsweise stand dem Schuman-Plan bekanntlich sehr reserviert, um nicht zu sagen ablehnend gegenüber; hätte er sich intensiver damit beschäftigt, hätte er Monnets Vorschlag ernst genommen, an sich gezogen, zu seiner Sache gemacht, hätte die Geschichte eine andere Wendung genommen, dann hätte es die Europäische Gemeinschaft für Kohle und Stahl, dann hätte es den Weg in die europäische Integration so nicht gegeben. Und wäre Adenauer am 15. September 1949 nicht mit der berühmten einen Stimme Mehrheit – seiner eigenen – zum Bundeskanzler gewählt worden, wäre etwa sein sozialdemokratischer Konkurrent Kurt Schumacher erster Bundeskanzler der Bundesrepublik geworden, dann hätte dieser dem Vorschlag Schumans sicher nicht seine Zustimmung gegeben; Schumacher war ein entschiedener Gegner jeglicher westlicher Blockbildung, solange nicht zuvor die deutsche Einheit wiederhergestellt war; jedenfalls sollte nach seiner Auffassung alles vermieden werden, was die deutsche Wiedervereinigung erschwerte, und dazu gehörte nach seiner Auffassung die Einbindung der Bundesrepublik in westliche Strukturen, seien sie noch so friedenssichernd. Und Jean Monnet – wer hätte an seiner Stelle den Ideengeber spielen können? Es gab einfach sonst keine Initiative, keine Idee, keinen Vorschlag zur Lösung des von den anderen Westalliierten gestellten Problems, am wenigsten aus der Diplomatie des französischen Außenministeriums selbst. Im Gegenteil, vor diesem musste der Plan ja gerade verborgen werden, damit nicht das dort alles dominierende Souveränitätsdenken verhinderte, dass die „Bresche in die Souveränität" geschlagen werden konnte.

Kurz und gut: Andere hätten anders gehandelt – wie, das bleibt ein unauflösbares Rätsel der Geschichte, wie immer in solchen Fällen. Es bedurfte schon genau dieser Persönlichkeiten, um diese Aufgabe so zu lösen, aus den strukturellen Zwängen der historischen Situation diesen einen produktiven Ausweg zu finden. Es bedurfte ihrer Innovationskraft, ihrer Ideen; es bedurfte ihrer Überzeugungen, ihres Mutes, ihrer Bereitschaft, etwas Neues zu wagen; es bedurfte ihrer Bereitschaft, Verantwortung zu übernehmen und Entscheidungen von großer Tragweite zu treffen, zunächst in ihrer eigenen, individuellen, persönlichen Verantwortung – später würden natürlich die demokratischen Institutionen ihrer Länder diese Entscheidungen ratifizieren (oder eben zurückweisen) müssen. Monnet, Schuman und Adenauer waren nicht völlig frei von jeglichen strukturellen Bedingungen, sie *mussten* handeln, es war *ein bestimmtes Problem*, das sie zu lösen hatten, sie konnten es sich nicht aussuchen, und sie *mussten* bei der Lösung auf Anforderungen, auf Herausforderungen reagieren, die sie nicht selbst geschaffen hatten und nicht verändern konnten – aber sie hatten doch Freiheit genug, diese oder andere Lösungen zu (er-)finden, diesen oder andere Wege einzuschlagen, die Verantwortung zu übernehmen oder nicht, die Entscheidungen zu treffen oder ihr auszuweichen.

‚Political leadership' hat man später eine solche Haltung genannt, bei der Politiker in verantwortlichen Funktionen ihre relative, durch demokratische Institutionen eingehegte Freiheit, Entscheidungen zu treffen, mit Verantwortungsbewusstsein nutzen, um dem Gemeinwohl zur Geltung zu verhelfen – der Begriff hat durchaus diese normative Komponente. Er Begriff wurde im anglo-amerikanischen politischen Diskurs geprägt[125], im deutschsprachigen Raum dagegen eher skeptisch aufgenommen: kein Wunder angesichts der Erfahrungen, die Deutschland mit dem „Führerprinzip" gemacht hatte; deshalb wurde und wird die englische Wortprägung auch kaum je ins Deutsche übersetzt. Aber das Phänomen ist nicht zu leugnen und hat mehrfach in der europäischen Integrationsgeschichte eine Rolle gespielt, beispielsweise bei den beiden epochalen Um- und Durchbrüchen 1985 und 1991: 1985 wurde in Luxemburg der Weg zum Binnenmarkt mit der „Einheitlichen Europäischen Akte" besiegelt, und die damals zehn Mitgliedstaaten (mitsamt den zweien – Spanien und Portugal –, die 1986 dazukamen) auf diesen Weg einzuschwören, bedurfte durchaus eines starken politischen Durchsetzungswillens, der Bereitschaft zur Übernahme persönlicher Verantwortung, und einer Staatskunst, die Widerstände mit Geschick und Beharrlichkeit überwand. Jacques Delors, Kommissionspräsident, Helmut Kohl, Bundeskanzler, und François Mitterand, Staatspräsident, waren in dieser historischen Situation die Nachfolger von Jean Monnet, Robert Schuman und Konrad Adenauer. Und wenige Jahre später, als es um den Vertrag von Maastricht ging, um die Krönung des Binnenmarktes durch eine gemeinsame Währung, die die Europäer unwiderruflich zu einer Schicksalsgemeinschaft zusammenbinden sollte – so sah das Helmut Kohl –, als es galt, eine erste Antwort auf die Öffnung der Grenzen nach Osten, auf die deutsche Wiedervereinigung in einem geeinten Europa zu finden, den ostmitteleuropäischen Ländern eine Perspektive für ihre europäische Zukunft zu geben, auch da nahmen dieselben drei Politiker die Herausforderung noch einmal an, wichen dem Anspruch an ‚political leadership' nicht aus, trafen Entscheidungen, für die sie politische Verantwortung übernahmen. Immer dann, wenn sich eine solche Konstellation von verantwortungsbewussten, entscheidungsfähigen, vorausdenkenden politischen Persönlichkeiten zusammenfand, wenn ‚political leadership' zugunsten Europas vorhanden war, wurden Integrationsschritte möglich und vollzogen.

Allerdings: Um europäische Integration voranzubringen, musste ‚political leadership' immer kollektiv sein – kein einzelner nationalstaatlicher Politiker könnte Europa diesen Dienst allein erweisen; er würde als Repräsentant seines Landes, nicht als Vertreter europäischer Interessen wahrgenommen. Nur mehrere politische ‚leader', aus mehreren Ländern, können diese Funktion für Europa wahrnehmen … mindestens zwei: Ein Franzose, ein Deutscher. Das deutsch-französische „Tandem" hat mehrfach für Europa diese Verantwortung übernommen und Entscheidungen vorbereitet und durchgesetzt, oft mit Unterstützung anderer Mitgliedstaaten, Entscheidungen, die nicht wie von selbst und ganz allein durch strukturelle Zwänge auch ohne persönliches Engagement getroffen worden wären.

Zum Schluss – europäische Integration damals und heute

Als Robert Schuman in der Pressekonferenz am 9. Mai sagte, Europa werde nicht auf einen Schlag entstehen und nicht als Gesamtkonstruktion, sondern durch konkrete Verwirklichung einzelner Schritte, die zunächst einmal eine faktische Solidarität schaffen würden, zog er damit die Konsequenz aus Erfahrungen, die die zurückliegenden fünf Nachkriegsjahre geprägt hatten. In dieser Zeit schien nämlich alles möglich, weil alles zerstört und nichts selbstverständlich war, noch nicht einmal Staatlichkeit in weiten Teilen Europas – Deutschland war kein Staat mehr, bis 1949, und selbst das so sehr auf seine Einheit bedachte Frankreich musste sich erst wieder zusammenfinden, nachdem es im Krieg in eine von den Nazis besetzte Zone, ein Marionettenregime mit Sitz in Vichy, eine Exilregierung zuerst in London, dann in Algier, in Kollaborateure und Widerständler geradezu zersplittert war. Und Polen, gleich zu Beginn des Krieges aufgeteilt zwischen Nazi-Deutschland und der Sowjetunion, fand sich woanders auf der Landkarte wieder als zuvor – weiter im Westen, unter Verlust östlicher Landesteile an die Sowjetunion, mit dem (noch nicht gesicherten) Gewinn anderer Landesteile auf Kosten Deutschlands. Die große Landmasse zwischen dem Atlantik und der Sowjetunion, Frankreich, Deutschland und Polen, wurde erst in den Nachkriegsjahren wieder staatlich geordnet. Kein Wunder, dass angesichts derartiger Infragestellung staatlicher Ordnung große, grandiose Pläne vorgetragen wurden, wie man gleich ganz Europa einen sollte, wie man die „Vereinigten Staaten von Europa“ schaffen müsse – diese Vision eines ganz anderen, neuen Europas verbreitete kein Geringerer als Winston Churchill, seit seiner großen Rede am 19. September 1946 in Zürich. Und, fügte Churchill hinzu, „damit müssen wir *jetzt* [das Wort betonte er besonders] beginnen.“ Zur gleichen Zeit formierten sich europäische zivilgesellschaftliche Verbände, so etwa die „Union Europäischer Föderalisten“, deren deutsche Sektion Anfang der 50er Jahre über 50.000 Mitglieder hatte, und die in ihrer „Charta von Hertenstein“[126], ganz in der Nähe von Zürich erarbeitet und zur gleichen Zeit wie Churchills Auftritt dort, eine föderale europäische Union entwarfen.

Aber die großen Pläne scheiterten oder verliefen im Sande – der Europarat, am 5. Mai 1949 ins Leben gerufen, war alles, was realisierbar war, und auch wenn er anfangs als ‚Motor‘ der europäischen Einigung wenigstens Hoffnung gab, so wurde doch schnell klar, dass es kein zielführendes Konzept war, über (fast) alles zu reden, aber nichts gemeinsam verbindlich zu entscheiden. 1950 jedenfalls führte kein Weg an der Einsicht vorbei, dass die Zeit der ‚big bang‘-Projekte vorüber war. Das meinte Robert Schuman, als er den eingangs zitierten Satz aussprach. Sein Plan, Jean Monnets Vorschlag, war die Alternative dazu, die Konsequenz daraus: Statt die „Vereinigten Staaten von Europa“ in einem revolutionären Akt auf einmal zu schaffen, sollte nun ein anderer Weg – zum gleichen Ziel! – eingeschlagen werden, sollte überhaupt statt eines Aktes ein Weg gefunden werden, und Wege werden immer Schritt für Schritt beschritten. Der neue Ansatz war gradualistisch, nicht mehr revolutionär. Die Europäische Gemeinschaft für Kohle und Stahl sollte der erste, *nur* der erste sein, andere sollten folgen, allmählich sollte sich eine Europäische Gemeinschaft formen, die auf den Erfahrungen der „faktischen Solidarität" gründete und am Ende so komplett sein sollte, wie die „Vereinigten Staaten von Europa", die „europäische Föderation", von der Schumans Text am Ende spricht.

Damit begann eine Geschichte, die wir „Europäische Integration" nennen[127], ein Prozess, der sich als Alternative zu revolutionären Sprüngen verstand und der über diverse Stationen führen sollte – eine sehr spezifische Geschichte der Entwicklung eines neuartigen, überstaatlichen, in der Tendenz föderalen politischen Gebildes, einer „Gemeinschaft", einer „Union", die eben ‚Geschichte' haben würde. Diese Geschichte der europäischen Integration verdankt sich dem bei ihrem Start eingeschlagenen Pfad – mit all den Komponenten, die in den voranstehenden Überlegungen erkennbar wurden: Sie verband Interessen mit Werten, wirtschaftliche mit politischen, pragmatische mit ideellen Motiven, reagierte auf äußeren Druck, war aber auch von innereuropäischen Herausforderungen getrieben, entfaltete ihren eigenen inneren Rhythmus einer stetig voranschreitenden Ausweitung der Gemeinschaftsbefugnisse, ein Rhythmus, der aber auch immer wieder gestört und unterbrochen oder aber beschleunigt wurde, durch Konflikte mit den Mitgliedstaaten in der Frage, welche und wie viel Souveränität auf die europäische Ebene verlagert werden sollte, durch externe Herausforderungen seitens der USA, aber auch der Sowjetunion. Meistens haben die Mitgliedstaaten produktive Lösungen der diversen Konflikte gefunden, Lösungen, die die europäische Integration vertieft haben; aber manchmal hat das lange Jahre gedauert, und in manchen Fällen ist es gar nicht gelungen – ein Selbstläufer, wie die (Neo-)Funktionalisten der 50er und frühen 60er Jahre glaubten, war europäische Integration nie; immer brauchte es ‚political leadership', die Schuman und Adenauer, gemeinsam mit ihren Kollegen in Italien – besonders zu erwähnen wäre Alcide de Gasperi – und in den Benelux-Ländern – und hier verdient stellvertretend für andere Paul-Henri Spaak, dass wenigstens sein Name genannt wird – 1950 aufbrachten.

Ganze Theoriegebäude in verschiedenen Disziplinen der Sozialwissenschaften haben sich mit der Frage beschäftigt, was die Charakteristika von Prozessen sind, die durch eine Anfangsentscheidung auf einen bestimmten „Pfad" gesetzt worden sind – „Pfadabhängigkeit" hat man das in diesen Theorien genannt, obwohl sie durchaus anerkennen, dass es auf einem solchen Weg Kreuzungs- und Wendepunkte, Richtungsänderungen und Orientierungslosigkeit geben kann.[128]

Solche Schlüsselmomente im europäischen Integrationsprozess waren etwa die Römischen Verträge von 1957, in denen der Weg zum Binnenmarkt grundgelegt wurde, oder der Maastrichter Vertrag, der die Europäischen Gemeinschaften in die Europäische Union überführte, desgleichen die Erweiterungen der Gemeinschaften und der Union, beginnend 1973 mit dem Beitritt Großbritanniens, Irlands und Dänemarks. Aber es war kein stromlinienförmiger Weg, der von der Europäischen Gemeinschaft für Kohle und Stahl über den Binnenmarkt und die Währungsunion bis zu dem verfassungsähnlichen Lissabon-Vertrag führte – ‚geradewegs' verlief die europäische Integration nicht. Immer wieder gab es große Projekte, von dem der Europäischen Verteidigungsgemeinschaft schon wenige Monate nach dem Schuman-Plan bis zum Europäischen Verfassungsvertrag, und immer wieder scheiterten diese hochfliegenden Pläne; immer wieder mussten die Zeitgenossen in den sauren Apfel beißen und anstelle der gescheiterten Großprojekte kleinere, bescheidenere, konkrete Integrationsschritte tun, um Wege aus der Krise des Scheiterns zu finden und europäische Integration dennoch voranzubringen – so wie Jean Monnet, Robert Schuman und Konrad Adenauer es 1950 vorgemacht hatten, als sie die Verwirklichung der „Vereinigten Staaten von Europa" erst einmal zurückstellten und stattdessen taten, was möglich war: eine erste „Bresche in die Souveränität" der Nationalstaaten zu schlagen, eine erste, begrenzte, aber wirksame supranationale Europäische Gemeinschaft zu verwirklichen, als sie einen Weg fanden, der auf ein Ziel – die Europäische Föderation – zu führte, aber mit einem durchsetzbaren und zugleich doch schon revolutionären Schritt begann. Von hier aus nahm eine Geschichte ihren Lauf, die Europa verändert hat und weiterhin verändert; es ist auch siebzig Jahre nach dem ‚Europatag' immer noch – so der Untertitel des heutigen Standardwerks zur Integrationsgeschichte, Wilfried Loth's „Europas Einigung" – eine „unvollendete Geschichte".

Anmerkungen

1 Das Verhältnis zwischen der französischen Hauptstadt und der „Provinz" war schon sehr lange problematisch – zugunsten der alles verschlingenden, die Regionen vernachlässigenden Hauptstadt. Vgl. Jean-François Gravier: Paris et le désert français. Paris 1947, danach viele weitere Auflagen. Der Titel des Buches spricht für sich.

2 Die Erzählung folgt hier den Memoiren von Jean Monnet: Mémoires. Paris 1976, S. 433; in der deutschen Übersetzung Jean Monnet: Erinnerungen eines Europäers. München, Wien 1978, S. 381. Die meisten Zitate sind hier vom Autor dieses Büchleins neu übersetzt worden, weil die publizierte deutsche Version in manchen Fällen missverständlich übersetzt. Die in den folgenden Anmerkungen angegebenen Seitenzahlen beziehen sich deshalb auf die französische Version von Monnets Memoiren. In manchen Fällen von besonderem Interesse wird deshalb auch hier in den Anmerkungen die originale französische Formulierung gegeben.

3 Im originalen französischen Wortlaut: „Ce que je viens de vous raconter se passait le vendredi 28 avril 1950. Je remis ce jour-là la note de Jean Monnet à Robert Schuman qui était sur le point de quitter Paris pour aller passer la fin de la semaine chez lui à Scy-Chazelles en Lorraine. Le ministre emporta donc le document pour pouvoir l'étudier tranquillement. Lorsque je l'accompagnais gare de l'Est, le 29 avril, ayant lu rapidement la note de Monnet, il me dit à peu près ceci […]". Interview mit Bernard Clappier: Auszüge über die Ursprünge des Schuman-Plans und die Rolle Jean Monnets (11. November 1980) In einem Interview mit dem Journalisten Roger Massip spricht Bernard Clappier, ehemaliger Kabinettsdirektor des französischen Außenministers Robert Schuman, am 11. November 1980 über die Umstände, unter denen der Schuman-Plan 1950 ausgearbeitet wurde, und hebt die Rolle Jean Monnets hervor. In: *L'Europe une longue marche*. Lausanne: Fondation Jean Monnet pour l'Europe, Centre de recherches européennes, 1985, S. 20–26. Auch online verfügbar: http://www.ena.lu/interview_bernard_clappier_auszuge_uber_ursprunge_schuman_ plans_rolle_jean_monnets_november_1980-3-35994.

4 Robert Schuman: Pour l'Europe. Paris 1964 (2. Auflage), S. 12.

5 Zur Frage, wie zuverlässig Monnets Memoiren wirklich und genau sind, vgl. Delphine Pandazis: Jean Monnet et ses mémoires: Les coulisses d'une longue entreprise collective. Paris 2018.

6 Siehe http://monnet-cognac.com/fr/accueil/.

7 Jean Monnet: Denkschrift vom 5. August 1943, Algier; zitiert nach: https://www.cvce.eu/content/publication/1997/10/13/b61a8924-57bf-4890-9e4b-73bf4d882549/publishable_de.pdf. Das CVCE, Centre Virtuel de la Connaissance sur l'Europe, ist ein luxemburgisches Online-Archiv, das eine reiche Fülle von Quellen und Dokumenten zur europäischen Integration bereit hält und sich selbst so darstellt: „Die CVCE.eu Forschungsinfrastruktur der Universität Luxemburg gibt Ihnen Zugriff auf Tausende von Dokumenten und Veröffentlichungen über den europäischen Integrationsprozess." https://www.cvce.eu/de.

8 Milovan Djilas: Gespräche mit Stalin. Harcourt 1962: „This war is not as in the past; whoever occupies a territory also imposes on it his own social system. Everyone imposes his own system as far as his army can reach. It cannot be otherwise. If now there is not a communist government in Paris, this is only because Russia has no an army which can reach Paris in 1945." Übersetzung HM, zitiert nach https://en.wikiquote.org/wiki/Joseph_Stalin.

9 Vgl. Hertensteiner Programm hier: https://www.europa-union.de/fileadmin/files_eud/PDF-Dateien_EUD/Allg._Dokumente/Hertensteiner_Programm.pdf.

10 Vgl. Heinrich Schneider: Leitbilder der europäischen Integration 1 – Der Weg zur Integration. Bonn 1976.

11 … wie auch z. B. in der schlesisch-polnischen und anderen mitteleuropäischen Regionen, die aber in diesen Jahren dem Kalkül im Westen schon entzogen waren, weil sie unter sowjetischer Hegemonie standen.

12 Monnet, Mémoires, a. a. O., S. 416.

13 Monnet hat hier von 1945 bis zu seinem Tod 1979 gewohnt; das Haus ist heute eine öffentlich zugängliche museale Gedenkstätte.

14 Monnet erwähnt „Mme Miguez" nur ein einziges Mal in seinen Memoiren, und zwar in diesem Zusammenhang, als „ma fidèle secrétaire", „meine treue Sekretärin" – der Vorname kommt nur im Namensregister, nicht im Text hinzu, und Monnet zählt sie nicht unter die „Eingeweihten" …

15 Pierre Uri, erheblich jünger – geboren 1911 – war Wirtschaftswissenschaftler, akademischer Lehrer und Politikberater, meist in sozialistischen französischen Regierungen, bis zur Präsidentschaft François Mitterands in den 80er Jahren.

16 Monnet, Mémoires, a. a. O., S. 427; siehe dort auch weitere Kommentare Monnets zu den Versionen und ihren Veränderungen.

17 „Uri contribuerait pour sa part avec bonheur. Le texte devint plus structuré, le systéme institutionnel s'affermit: L'Autorité internationale devint la Haute Autorité commune." Monnet, Mémoires, a. a. O., S. 430.

18 Monnet, Mémoires, a. a. O., S. 431. „Schuman et Clappier venaient d'entrer dans le cercle des conjurés où Bidault et Falaize ne les rejoignirent pas, er pour cause: Ils n'avaient pas pris le temps de lire ma lettre dans laquelle je demandais un rendez-vous pour le lendemain afin de commenter la proposition jointe"; ebd., S. 433.

19 Im französischen Original: „Neuf états se succédèrent entre le dimanche 16 avril et le samedi 6 mai. Je ne sais pas si c'est peu ou beaucoup – en cette matière, je n'ai d'autre règle que de travailler autant qu'il le faut, cent fois sur le métier si cent fois sont nécessaires pour que le résultat me donne satisfaction, ou neuf fois, comme dans cette circonstance, plus souvent quinze diront mes anciens collaborateurs qui se fussent volontiers contentés de moins. A preuve, disent-ils, nous revenions d'ordinaire à la première version qui se révélait être la meilleure. Mais que signifie cette comptabilité de l'effort? Comment être assuré que la première version est la meilleurs, sinon en la comparant à ce qu'on croît être meilleure encore? Que tout serait commode si l'intuition et le hasard conduisaient sans coup férir à l'exacte formulation d'une pensée qui n'aurait pas à se chercher! De moins, cette intuition et ce hasard demandent-ils à être mis à l'épreuve – et l'épreuve, c'est la relecture après une bonne nuit de sommeil ou la critique d'un regard neuf." Monnet, Mémoirs, a. a. O., S. 429f.

20 Clappier teilt diese Einschätzung Monnets: „Georges Bidault, à mon avis, n'avait pas lu le papier que Falaize avait glissé dans un tiroir de son bureau." Vgl. die online beim CVCE verfügbare Quelle: http://www.cvce.eu/obj/interview_de_bernard_clappier_extraits_sur_les_origines_du_plan_schuman_et_le_role_de_jean _monnet_11_novembre_1980-fr-27869 9a3-a23a-4688-8fe2 – c4a83186c762.html.

21 „C'est ça ou la mort". Extraits de l'interview d'Etienne Hirsch, ancien Commissaire général du Plan et Président d'Euratom, par Antoine Marès, à

Paris, le 2 juillet 1980. In: Fondation Jean Monnet pour l'Europe (Hrsg.): L'Europe, une longue marche. S. 39f. Hirschs Vertrauter dürfe Alexis Aron gewesen sein, vgl. den Nachruf auf ihn auf der Homepage des französischen Industrieverbandes: http://www.annales.org/archives/x/aron.html. Siehe, neben etlichen späteren Forschungen, auch die kurze authentische Geschichte des französischen Kohlebergbau-Verbandes von dessen Präsident Philippe de Ladoucette: Charbonnages de France et la Société française, in der er von der schwierigen Umsetzung des von Jean Monnet etablierten Plans zur Produktionssteigerung in den Nachkriegsjahren erzählt: http://annales.org/ri/2004/mai/ladoucette07-17.pdf; Annales des Mines, Mai 2004. Der erwähnte Präsident des Kohlebergbau-Verbandes müsste zu dieser Zeit Roger Cadel gewesen sein; siehe die Liste der Präsidenten des Verbandes hier: https://fr.wikipedia.org/wiki/Charbonnages_de_France#Pr%C3%A9sidents-directeurs_g%C3%A9n%C3%A9raux.

22 Clappier erinnert sich ziemlich, aber nicht ganz genau an diese Kommunikation mit Jean Monnet: „Un mois plus tard, c'était vers le 10 ou le 15 avril, Monnet m'interroge sur les réactions de R. Schuman. „‚Que pense-t-il de tout cela, de mes projets?' Je lui réponds en lui faisant observer que je n'ai qu'une connaissance verbale de ses idées, et que mon patron aime les écrits, les textes qu'il peut étudier à loisir. C'est donc en lui remettant un texte qu'on pourra obtenir de lui une réaction sérieuse." Vgl. Anmerkung 20.

23 Vgl. zu diesen Auseinandersetzungen Matthias Waechter: Geschichte Frankreichs im 20. Jahrhundert. München 2019, S. 169f.

24 „Schuman? Ein boche. Ein guter. Aber doch ein boche." Dieses Zitat de Gaulles erwähnt Jacques Binoche: Hitler, les Allemands et le Général de Gaulle. Paris 2015, in Anmerkung 26. Auch Margriet Krijtenburg: Schuman's Europe : his frame of reference. Leiden 2012, erwähnt diese Äußerung de Gaulles (S. 167) und Schumans (ihm sehr freundlich gesinnter) Biograph lässt das Zitat de Gaulles ebenfalls nicht aus: Vgl. René Lejeune: Robert Schuman. Un Père pour l'Europe. Metz 2013 (2. Auflage), S. 127. De Gaulle war nicht der einzige, der Schuman mit dem Schimpfwort „boche" belegte. Raymond Poidevin erwähnt einen Ausruf eines kommunistischen Abgeordneten in der französischen Nationalversammlung, der Schuman, bei seinem erneuten Einzug ins Parlament, ebenfalls mit diesem Wort empfing: „Injures encore lorsqu'en novembre 1947 le communiste Jaques Duclos accueille son arrivée à la Chambre des dé-

putés par un ‚Voilà le Boche' l'accusant d'être un ancien officier allemand et claironnant : ‚C'est un Boche, ce président du Conseil'. Profondément blessé, Robert Schuman n'oubliera jamais ces injures." Raymond Poidevin: Robert Schuman, un itinéraire étonnant. Website der Robert-Schuman-Stiftung, Paris; https://www.robert-schuman.eu/fr/robert-schuman-un-itineraire-etonnant.

25 Einer Bestätigung dieser Vermutungen am nächsten kommt Alan Fimister: Integral Humanism and the Re-Unification of Europe. In: Sylvain Schirmann (Hrsg.): Robert Schuman et les Pères de l'Europe. Cultures politiques et années de formation. Actes du colloque de Metz du 10 au 12 octobre 2007, S. 25–38.

26 „Il ne faut pas oublier qu'il y avait chez Bidault une vision proche de la vision gaulliste pour ce qui concerne les relations avec l'Allemagne." Vgl. Fußnote 20.

27 Lejeune, Schuman, a. a. O., S. 14.

28 Monnet, Mémoires, a. a. O., S. 433: „Je n'eus pas le rendez-vous et cependant on pouvait lire dans Le Monde du mardi que j'avais été reçu par le président du Conseil!"

29 So Jean-Marie Pelt in der vom Rat der Europäischen Union erstellten Video-Dokumentation „Europe through the Generations", https://www.youtube.com/watch?v=isVdxUBAp78). Pelt, seinerseits später einer der Initiatoren der Umweltbewegung in Frankreich, ging in Schumans Privathaus ein und aus und stand zu ihm im Verhältnis eines freundschaftlich verbundenen Schülers.

30 Mit Jean Monnets Worten: „en termes voilés", Mémoires, a. a. O., S. 433; vgl. Lejeune, Schuman, a. a. O., S. 18, aber er erzählt den Verlauf der Kabinettsitzung fast mit den gleichen Worten, mit denen Monnet die Sitzung am 9. Mai erzählt – handelt es sich um eine Verwechselung?

31 Monnet, Mémoires, a. a. O.: „Il chercha la lettre, elle était sur son bureau. L'avait-il lue? Il assure que oui dans ses Mémoires, et je le crois. Sans doute ne répondait-elle pas à ses préoccupations du moment qui étaient de créer un Haut Conseil atlantique." (434)

32 Im originalen Wortlaut: „Le projet m'avait été porté à l'Hôtel Matignon par M. Jean Monnet. On a dit que je n'en avais pas compris l'intérêt. La vérité est que j'avais le sentiment que le plan pouvait être amélioré par certaines modifications ou suppressions qui n'auraient pas porté atteinte à sa structure. Le harcèlement d'une époque agitée, la multiplication des

grèves, la nervosité syndicale et ce qu'on a appelé ‚l'affaire des généraux' constituaient un environnement peu favorable à l'établissement des quelques corrections que je jugeais utiles au succès de cette vaste entreprise." Georges Bidault : D'une Résistance à l'autre. Paris: Les Presses du Siècle, 1965; online beim CVCE : http://www.cvce.eu/obj/georges_bidault_d_une_resistance_a_l_autre_extrait_sur_le_plan_schuman-fr-fa58a5d0 – 9d13–43b3–875d–592a6dbb57a1.html. Bei der „Affäre der Generäle", von der in Bidaults Text die Rede ist, handelt es sich um einen Skandal, der durch die unautorisierte Verbreitung eines Berichts über die Verhältnisse im späteren Vietnam, während des französischen Kolonialkrieges in ‚Indochina' ausgelöst wurde. Dieser Bericht war von General Georges Revers verfaßt und veröffentlicht worden; Revers wurde im Dezember 1949 strafversetzt und im Juni 1950 vom Dienst suspendiert.

33 In Bidaults etwas lamentierenden Formulierungen: „Jean Monnet n'aime pas attendre quand il a une grande idée en tête. Il se précipita donc au Quai d'Orsay et y trouva un ministre avec lequel le commissaire au Plan avait eu maille à partir quand son interlocuteur était aux Finances." Bidault, D'une Résistance á l'autre, a. a. O., hier zitiert nach CVCE, a. a. O.

34 „Certains ont pensé que le plan Schuman aurait pu être un plan Bidault si ce dernier avait eu connaissance du document, mais je ne le crois pas. Je ne crois pas qu'il y ait eu un ‚rendez-vous manqué de Bidault avec l'Histoire', comme il a été écrit. Bidault a donné son accord lorsqu'il a été mis au courant, mais je pense que c'est parce qu'il n'a pas compris tout de suite la portée de la proposition, ce qu'elle impliquait pour l'avenir. Il ne faut pas oublier qu'il y avait chez Bidault une vision proche de la vision gaulliste pour ce qui concerne les relations avec l'Allemagne." Clappier, L'Europe une longue marche, a. a. O., S. 25.

35 Jean Monnet selbst hielt übrigens nichts von solchen kontrafaktischen Spekulationen, d. h. von Überlegungen, was wohl geworden wäre, wenn die Dinge anders gelaufen wären: „Was in seinen [Bidaults] Händen aus dem Projekt und damit letztendlich aus Europa überhaupt geworden wäre, das haben sich manche gefragt. Meinerseits habe ich mich in meinem ganzen Leben nie gefragt, welche Konsequenzen eine Situation gehabt hätte, die nicht eingetreten ist. Das ist die sterilste Übung, die man sich denken kann. Tatsache ist, dass es keinen Bidault-Plan, sondern einen Schuman-Plan gab." Monnet: Mémoirse, a. a. O., S. 434, im französischen Wortlaut: „Ce que fût devenu le projet entre ses mains, et l'Europe

au bout du compte, d'autres se sont posé la question. Pour moi, je ne me suis jamais demandé de ma vie quelles conséquences aurait pu avoir une situation qui ne s'est pas produite. C'est l'exercice le plus stérile qui soit. Le fait est qu'il n'y a pas eu de plan Bidault, mais un plan Schuman."

36 Monnet: Mémoires, a. a. O., S. 435.

37 Europäische Union: Schuman-Erklärung; https://europa.eu/european-union/about-eu/symbols/europe-day/schuman-declaration_de.

38 Monnet: Mémoires, a. a. O., S. 434.

39 Schuman-Erklärung, a. a. O. (siehe Anmerkung 37).

40 Monnet: Mémoires, a. a. O., S. 435.

41 Monnet: Mémoires, ebd.

42 Monnet, Mémoires, a. a. O., S. 436: „Pleven et Mayer firent en sorte que le conseil se tint exceptionellement le mardi matin. Le secret devait être total jusque-là."

43 Monnet, Mémoires, a. a. O., S. 435: „Notamment, le contact personnel que Schuman désirait prendre avec Adenauer serait confié à un membre de son cabinet qui irait secrètement à Bonne à l'heure même de la décision. Restait à fixer cette heure." Siehe auch die dort folgenden Überlegungen zum genauen Zeitpunkt. Ganz korrekt ist Monnets Aussage in diesem Punkt nicht: Der junge Mann, um den es sich handelte, Robert Mischlich, war nicht Mitglied im Kabinett von Robert Schuman, sondern eigentlich Beamter im Justizministerium; siehe die oben im Text folgenden Ausführungen. Vg. auch das schon mehrfach zitierte Interview mit Clappier in L'Europe, une longue marche, a. a. O. Mischlich schreibt über die Vermutung, Adenauer sei früher über den Plan informiert worden oder schon länger über Monnets Pläne informiert gewesen: „Tout cela est inexact. Le témoignage de Bernard Clappier est à cet égard capital et irréfutable."; Robert Mischlich: Une mission secrète à Bonn. Lausanne 1986, S. 56.

44 Siehe vorhergehende Anmerkung.

45 Mischlich, Mission, a. a. O., S. 58f.

46 Monnet, Mémoires, a. a. O., S. 437.

47 Konrad Adenauer: Erinnerungen 1945–1963. Suttgart 1964, S. 331.

48 Vgl. Birgit Ramscheid: Herbert Blankenhorn (1904–1991). Adenauers außenpolitischer Berater. Düsseldorf 2006, hier besonders S. 135, im Kapitel „Außenpolitische Anfänge 1949/50".

49 Konrad Adenauer Stiftung: Absetzung Konrad Adenauers als Kölner Oberbürgermeister durch die Nationalsozialisten; https://www.kas.de/web/geschichte-der-cdu/kalender/kalender-detail/-/content/absetzung-konrad-adenauers-als-koelner-oberbuergermeister-durch-die-nationalsozialisten.

50 Konrad Adenauer Stiftung: Konrad Adenauer – Adenauer, Auguste („Gussie") Amalie Julie geb. Zinsser; https://www.konrad-adenauer.de/wegbegleiter/a/adenauer-gussie.

51 Konrad Adenauer Stiftung: Konrad Adenauer; https://www.konrad-adenauer.de/biographie/politischer-wiederaufstieg-1945-1949.

52 Adenauer, Erinnerungen, a. a. O., S. 330.

53 So Mischlich selbst, sicher ironisch und humorvoll gemeint, in einem Brief an Paul Collowald, der ihn gebeten hatte, doch seine Erinnerungen an seine Reise nach Bonn aufzuzeichnen: „Vielleicht haben Sie ja den Eindruck, dass ich während dieser 48 Stunden der James Bond der französischen Diplomatie war, aber die Dinge lagen in Wirklichkeit viel einfacher." Vgl. Paul Collowald: Die Kontroverse, siehe Anm. 64, S. 90f.

54 Adenauer, Erinnerungen, a. a. O., S. 331. Vergleich auch u. a. sein Dank an Schuman im Umkreis des Elysée-Vertrages! Am 10. September 1962, während der Verhandlungen mit de Gaulle über den „Deutsch-Französischen Freundschaftsvertrag", den „Elysée-Vertrag", der dann irrtümlicherweise so oft als Beginn der deutsch-französischen Aussöhnung und Freundschaft überschätzt wurde, schreibt Adenauer an Schuman: „Lieber Herr Schumann [sic!] – Während des Besuchs des General de Gaulle in der vergangenen Woche habe ich oft Ihrer gedacht als des Mannes, der durch den Vorschlag der Montanunion den Grundstein legte zu der Freundschaft, die nunmehr unsere beiden Länder so eng miteinander verbindet. – Unserer gemeinsamen Arbeit gedenke ich immer in Dankbarkeit. Es drängt mich gerade bei diesem Anlaß meiner Dankbarkeit Ihnen gegenüber Ausdruck zu geben. – Es wäre mir eine sehr große Freude, wenn wir uns noch einmal wiedersehen würden. – Mit sehr herzlichen Grüßen, Ihr Konrad Adenauer". Mit Faksimile des Briefes in Marie-Thérèse Bitsch: Robert Schuman. Apôtre de l'Europe. 1953–1963. Brüssel et al., 2010, S. 334f.

55 Denkbar ist auch eine andere Interpretation : Adenauer wusste zwar, dass die Konferenz offiziell erst am 11. beginnen würde, war aber doch darüber informiert, dass die wichtige Frage nach dem Schuman-Plan schon

vorab, am 10., zur Entscheidung anstand – deshalb hat er die Bundesregierung am 9. tagen lassen und die Pressekonferenz für diesen Abend angesetzt. Dann wäre der Zeitplan ein Indiz dafür, dass Adenauer doch schon (spätestens) am 8. über Schumans Plan informiert worden wäre. Allerdings hört sich diese Variante doch ziemlich unwahrscheinlich an …

56 Adenauer, Erinnerungen, a. a. O., S. 331f.

57 Ebd. S. 335.

58 Mischlich, Mission secrète, a. a. O., S. 61.

59 Übrigens ist nirgends davon die Rede, in welcher Sprache das Gespräch zwischen Adenauer und Mischlich stattfand – es kann wohl nur Deutsch gewesen sein, wahrscheinlich hatte Schuman auch deshalb seinen lothringischen Landsmann für die „Mission secrète" ausgewählt.

60 Mischlich, Mission secrète, a. a. O., S. 62.

61 Ebd., S. 63.

62 Monnet, Mémoires, a. a. O., S. 439.

63 Vgl. Mischlich, Mission secrète, a. a. O., Vorwort von Henri Rieben, S. 11: „Le lecteur attentif notera entre les deux récits d'Herbert Blankenhorn et de Robert Mischlich un léger décalage relatif au déroulement de la mission dans le temps. Ce n'est pas notre rôle d'arbitrer. Il y a dans l'histoire de grandes et de petites énigmes. Voici une petite énigme que nous sommes heureux de confier aux historiens, qui, aujourd'hui, de plus en plus nombreux, se penchent avec une science aiguisée et une attention minutieuse sur cette période de notre histoire."

64 Paul Collowald: Die Kontroverse um den 9. Mai 1950. In: Klaus Schwabe (Hrsg.): Konrad Adenauer und Frankreich. Stand und Perspektiven der Forschung zu den deutsch-französischen Beziehungen in Politik, Wirtschaft und Kultur. Bonn 2005 (Rhöndorfer Gespräche Band 21), S. 82–100.

65 So tituliert ihn der Journalist Günter Gaus unter Bezugnahme auf eine weit verbreitete Formel dieser Zeit in einem von der ARD gesendeten halbstündigen Interview mit dem Alt-Kanzler vom 29. Dezember 1965; Transkript des Interviews hier: https://www.rbb-online.de/zurperson/interview_archiv/adenauer_konrad.html; Video des Interviews u. a. hier: https://www.youtube.com/watch?v=9oEVIH4KZsc.

66 Die Konrad-Adenauer-Stiftung macht auf die Motive aufmerksam, die den Altkanzler bewegten, seine Memoiren zu schreiben: „Drei Motive bewegten ihn. Das wahrscheinlich wichtigste Motiv war die Absicht, die

Darstellung der Ereignisse, die in seinen Augen in der Öffentlichkeit eine falsche Deutung erfahren hatten, nachträglich zu korrigieren und die wahren Gründe für Entscheidungen und Entwicklungen zu benennen. Zugleich sollte falschen Behauptungen entgegengewirkt werden, beispielsweise der weitverbreiteten Meinung, er sei ein Kanzler der einsamen Beschlüsse gewesen. Ein zweites Motiv war Adenauers Bestreben, Grundprinzipien seiner Politik zu erklären und langfristige Ziele wie die Wiederherstellung der Einheit Deutschlands, die deutsch-französische Aussöhnung und den Abbau der Ost-West-Spannungen darzulegen. Er wollte den Kenntnisstand zum jeweiligen Zeitpunkt seiner Entscheidung rekonstruieren, sie wieder mit den gleichen Augen sehen, wie er sie damals gesehen hatte, und nicht aus der Retrospektive." https://www.konrad-adenauer.de/dokumente/erinnerungen-adenauers-memoiren. Adenauer nahm also selbst den Vorwurf, er habe „einsame Entscheidungen" bevorzugt, ernst – und entkräftet ihn doch gerade in der hier dargestellten Entscheidungssituation nicht, im Gegenteil; und zweitens geht aus dieser Motivlage hervor, dass das Bemühen um Zuverlässigkeit, gerade bei solchen Entscheidungen, in seinen Memoiren sehr hoch gewesen sein muss.

67 Vgl. zu Blankenhorn die in der folgenden Anmerkung erwähnte Biographie.

68 Herbert Blankenhorn: Verständnis und Verständigung. Blätter eines politischen Tagebuchs 1949–1979. Frankfurt a. M., Berlin, Wien 1980, S. 100f. In seinem Beitrag zu dem Band „L'Europe une longue marche" (siehe oben) wiederholt Blankenhorn diese Chronologie der Ereignisse (S. 59 und 62), schreibt diesmal aber den Namen Mischlichs korrekt.

69 Mit dem Auto – wenn Schuman Mischlich einen Dienstwagen zur Verfügung gestellt hätte – wäre man übrigens (damals wie heute!) kaum schneller angekommen: Heute soll man angeblich für die Strecke gut fünf Stunden brauchen, auf ausgebauten Autobahnen ohne Grenzkontrollen; damals hätte man sicher doppelt so lange gebraucht.

70 Clappier, Interview in L'Europe une longue marche, a. a. O., S. 27.

71 Collowald, Kontroverse, a. a. O., S. 98. Vgl. auch Paul Collowald: J'ai vu naître l'Europe. De Strasbourg à Bruxelles, le parcours d'un pionnier de la construction européenne. Strasbourg 2014.

72 Hans Peter Mensing in seinem Diskussionsbeitrag zu Collowald: Die Kontroverse um den 9. Mai, op.cit., S. 94, mit Bezug auf: Adenauer, Briefe

1949–1951, hrsg. von Rudolf Morsey und Hans Peter Schwarz, bearbeitet von Hans Peter Mensing. Berlin 1985, S. 208f, S. 508–510; vgl. auch Akten zur Auswärtigen Politik der Bundesrepublik Deutschland 1949/50, bearbeitet von Daniel Kosthorst und Michael F. Feldkamp. München 1997, S. 145–147. Wie leicht bei der Datierung Fehler unterlaufen, mag dieses Beispiel zeigen: Das sonst so zuverlässige luxemburgische online-Archiv des Centre Virtuel de la Connaissance sur l'Europe (CVCE) druckt diesen Brief aus dem Band „L'Europe, une longue marche" ab, wo er ins Französische übersetzt erscheint, nennt die französische Fassung als „Original", kündigt ihn als Brief vom 8. Mai an und setzt dann den 9. Mai in die Datumszeile ein! (https://www.cvce.eu/de/obj/reponse_personnelle_de_konrad_adenauer_a_robert_schuman_bonn_8_mai_1950-fr-4e096ce7-343a-473f-9458-579f627e2ec7.html)

73 Küsters Diskussionsbeitrag zu Collowald, Kontroverse, a. a. O., S. 96. Dort findet sich auch der Beleg für die Quelle aus dem Bundesrat.

74 Mensing zu Collowald, ebd., S. 94.

75 Collowald, Kontroverse, a. a. O., S. 87f. Der Band, auf den zunächst Bezug genommen wird, ist dieser: Un changement d'espérance. La Déclaration du 9 mai 1950. Jean Monnet – Robert Schuman. Hrsg. von der Fondation Jean Monnet pour l'Europe, Lausanne 2000. Hanns Jürgen Küsters Fußnote in: Ders.: Die Verhandlungen über das institutionelle System zur Gründung der Europäischen Gemeinschaft für Kohle und Stahl. In: Schwabe (Hrsg.), Die Anfänge des Schuman-Plans, a. a. O., S. 73–102, hier S. 77.

76 Küsters in Collowald, Kontroverse, a. a. O., S. 99.

77 Hendrik Brugmans, einer der herausragenden europäischen Intellektuellen der Jahrhundertmitte, hat zwei autobiographische Bücher hinterlassen, die überaus lebendigen Einblicke in die Erfahrungen seiner Generation geben und vor allem die europäischen Konsequenzen plausibel machen, die er und viele andere daraus gezogen haben: L'Europe vécu. Brüssel 1979, und A travers le siècle. Brüssel 1993; in letzterem findet sich eine der ganz wenigen Zeugenaussagen zu dem Treffen der europäischen Föderalisten in Hertenstein, das zu der später zu behandelnden Charta oder dem Hertensteiner Programm führte.

78 Discours de Robert Schuman sur les origines et sur l'élaboration de la CECA (Bruges, 22–23 octobre 1953): „Vingt-quatre heures avant le 9 mai, les gouvernements alliés et amis, ainsi que le gouvernement fédéral all-

emand, ont été mis au courant. Nous devions, avant de lancer cette bombe, savoir quel accueil elle recevrait de la part des principaux interlocuteurs. Pour nous, le principal interlocuteur, pour les raisons que j'ai rappelées tout à l'heure, c'était le Gouvernement Fédéral, et c'est ainsi que nous nous sommes assurés avant le 9 mai de l'accord de principe du chancelier fédéral. Les autres gouvernements, britannique, italien, américain ceux du Benelux ont été mis au courant 24 heures avant la proclamation." https://www.cvce.eu/content/publication/2009/3/4/91c347fc-ab32-4e8d-a31f-f8e244362705/publishable_fr.pdf; zuerst in: Collège d'Europe: Cahiers de Bruges. Décembre 1953.

79 Diese Gewissheit kann auch Vincent Dujardin nicht in Frage stellen, der Andeutungen des damaligen belgischen Wirtschaftministers nachgeht, denen zufolge die Benelux-Länder, oder jedenfalls einige ihrer Minister, am 8. Mai in Paris bei einer eigens dafür anberaumten Zusammenkunft über Schumans Plan informiert worden seien. Vgl. Vincent Dujardin: Mai 1950: le Plan Schuman, l'Allemagne prévenue après le Benelux? In: European Review of History; Revue européenne d'Histoire, Vol. 8, No. 1, 2001, S. 63–66.

80 Interview Clappier, in: L'Europe une longue marche, a. a. O., S. 26.

81 Schwarz, Adenauer, a. a. O., S. 714.

82 Mischlich, Mission secrète, a. a. O., S. 64.

83 Weder Blankenhorn noch Adenauer machen Aussagen zu Mischlichs Rückkehr nach Paris.

84 Mischlich, Mission secrète, a. a. O., S. 64.

85 Armand Bérard: Un ambassadeur se souvient. Washington et Bonn. 1945–1955. Paris 1978, S. 312f. Im ersten Band seiner Memoiren (Au temps du danger allemand) behandelt Bérard seine Zeit im Nazi-beherrschten Deutschland, spätere Bände behandeln seine Stationen in Rom und in Japan. Bérard war ein hochangesehener und hoch dekorierter Diplomat, keineswegs eine zweitrangige Persönlichkeit – neben, nicht unter, André François-Poncet, seinem Chef, dem Hochkommissar selbst. Warum Mischlich nicht diesen anrief und warum nicht er – der später so wütend und enttäuscht war, dass er über all die Vorgänge um den Schuman-Plan nicht informiert worden war – Blankenhorn zu sich rief und die Pressekonferenz veranstaltete, wird in den vorliegenden Quellen nirgends erwähnt. Alles deutet indessen darauf hin, dass er in diesen Tagen weder in Paris noch in Bonn/Remagen war. Ist das die Erklärung für die Umge-

hung François-Poncets? Vgl. dazu Der Spiegel, 2.3.1955: Ein Zeuge tritt ab. https://www.spiegel.de/spiegel/print/d–31969338.html: „Der extrem europafreundliche Außenminister Robert Schuman war bereit, für Europa alles in Kauf zu nehmen, einschließlich der von seinem Botschafter mit Mißtrauen bedachten deutschen Divisionen. Darüber hinaus stahl Robert Schuman ungewollt in seinen unentwegten und direkten Kontakten und Verhandlungen mit Kanzler Konrad Adenauer dem Diplomaten einen Teil jenes Glanzes und jener Aufgaben, um derentwillen André François-Poncet den Beruf des Botschafters einst so liebte. Zwar schätzt und verehrt André François-Poncet seinen ehemaligen Außenminister Schuman, aber als die Stunde schlug, da Poncet dem einen Europa-Matador, Konrad Adenauer, die Nachricht von der Demission des anderen – Robert Schumans – überbringen musste, entledigte er sich dieser Aufgabe auf seine Art. Der Kanzler war erstaunt ob der Eile und der ungewohnten Stunde, in der sich Frankreichs Hoher Kommissar melden ließ. Wie fröstelnd rieb sich André François-Poncet bei seinem Eintritt die Hände: ‚Es ist kalt bei Ihnen, Herr Bundeskanzler.' Und es war, als striche der Hauch einer Grabesgruft durch den hohen Raum im Palais Schaumburg. ‚Ich habe Ihnen Grüße zu bringen, Grüße von einem Toten.'
Noch ehe Konrad Adenauer sich von seinem Erstaunen erholen konnte, fuhr der Franzose fort: ‚Er ist nicht richtig tot, aber er ist von der politischen Bühne gegangen. Monsieur Schuman hat demissioniert.' Es war sekundenlang still, ehe der Kanzler nach den Gründen des Rücktritts fragen mochte. André François-Poncet erklärte sie auf seine Weise. Es sei gut, so sagte er, wenn ein Staatsmann christlich, ja fromm sei. Monsieur Schuman aber, ‚er war zu fromm'. Er sei jeden Tag zur Kirche gegangen, das sei nicht gut für einen Außenminister. Der Kanzler hatte in dieser Minute kein Ohr für derlei Spott. Er dachte an Europa, als er klagend auf die mangelnde Stabilität der französischen Regierungen hinwies, die eine Einigung immer wieder verzögere und bedrohe. ‚Sie haben recht', nickte André François-Poncet: ‚Bei uns regieren die Kabinette kurz. In anderen Ländern, Herr Bundeskanzler, zu lange.' Offiziöse CDU-Propagandisten haben diesem Dialog das Schlußwort des Kanzlers angedichtet: ‚Dat jilt auch für die Amtszeit der Hohen Kommissare.' Die Retourkutsche ist, wie platt sie auch sein mag, nie gefahren worden."

86 Im Unterschied zu Hannelore Siegel und vor allem Anneliese Poppinga, für die späten Kanzlerjahre: Anneliese Poppinga: Meine Erinnerungen

an Konrad Adenauer. Gütersloh 1970. Hannelore Siegel hat sich mehr anekdotisch geäußert, aber Anekdoten können auch erhellend sein, wie die folgende: „Adenauer sei ‚als Chef gar nicht kompliziert gewesen', sagte Hannelore Siegel [Adenauers Sekretärin von 1958 bis 1963] der ‚Bild am Sonntag'. So habe er ihr Briefe nicht diktiert sondern nur Stichworte gesagt mit den Worten und in seinem Dialekt: ‚Sie können schreiben, wat Se wollen, Frollein Siegel, aber bevor Se dä Sinn ändern, dann frachen Se mich.'" https://rp-online.de/panorama/deutschland/adenauer-konnte-ein-fieser-moepp-sein_aid-14175123, Rheinische Post online, 29. Juli 2012. Aber so ‚großzügig' wird Adenauer mit seinen Schreiben an Schuman wohl nicht umgegangen sein … Seine (Privat-)Sekretärin (war sie, als *Privat*-Sekretärin, auch mit dem Briefwechsel mit Schuman beauftragt?) in diesen ersten Jahren, seit 1946, Lucie Hohmann (später verheiratet unter dem Namen Köster) hat jedenfalls keine Erinnerungen zu Papier gebracht. Vgl. Schwarz, Adenauer, a. a. O., S. 799.

87 Blankenhorn spricht nur von einem „längeren Gedankenaustausch"; vgl. Verständnis und Verständigung, a. a. O., S. 102.

88 Schwarz, Adenauer, a. a. O., S. 741.

89 So sah das auch Schuman selbst. Als Mischlich ihn vor seiner Mission fragte, was er denn entgegnen solle, falls der Bundeskanzler vor seiner Zustimmung zu Schumans Plan die Saarfrage aufwerfe, antwortete Schuman, das werde sicher nicht passieren: Siehe Mischlich, Mission secrète, a. a. O., S. 59.

90 Küsters Harmonisierungsversuch, siehe Collowald, Kontroverse, a. a. O., S. 95.

91 Diese Tatsache wird von vielen Zeitzeugen und „Mittätern" bestätigt, beispielsweise von dem luxemburgischen Ministerpräsidenten Joseph Bech, der erste unter den zahlreichen Luxemburgern, die im Laufe der europäischen Integration eine im Vergleich zu ihrem Land überproportionale positive Rolle gespielt haben. Rückblickend sagte er 1966: „Was war der wirkliche Grund, weswegen wir Europa am Morgen nach dem Zweiten Weltkrieg gründen wollten? Wir glaubten, ein neues Europa gründen zu müssen, um in diesem neuen Rahmen Frankreich und Deutschland miteinander zu versöhnen. Wie wir sehen, wurde zumindest in diesem wichtigen Punkt, auf dem der Frieden Europas beruht und den wir zur europäischen Idee oder zu einem unserer Beweggründe gemacht haben, eines der Ziele unseres Kampfes für ein geeintes Europa erreicht." Zi-

tiert nach: https://www.daskleineeinmaleins.eu/europa/deutschland-in-europa/.

92 Diese Formel des Journalisten, von Schuman bestätigt, hat Victoria Martín de la Torre zum Titel ihres Buches über die Gründerväter der europäischen Einigung auserkoren: Europe, a Leap into the Unknown. A Journey Back in Time to Meet the Founders oft he European Union. Brüssel 2014. Auf ihrem Buch wiederum fußt das vom Rat der Europäischen Union produzierte und schon zitierte Video „Europe Through the Generations" (https://www.youtube.com/watch?v=isVdxUBAp78) aus dem folgenden Jahr, in dem Jean-Marie Pelt so ausführlich die Ereignisse um den 9. Mai beschreibt.

93 Zum Status des Saarlandes in dieser Zeit u.a. Rainer Hudemann und Raymond Poidevin (Hrsg.): Die Saar 1945–1955, Ein Problem der europäischen Geschichte, München 1999.

94 Sämtliche Zitate aus Adenauers Pressekonferenz zitiert aus: https://www.konrad-adenauer.de/quellen/pressekonferenzen/1950-05-09-pressekonferenz.

95 Monnet, Mémoires, a. a. O., S. 439–441. Monnet zählt einige von den Journalisten auf, die die bekanntesten Zeitungen vertraten, S. 440.

96 Brief von Botschafter Oliver Harvey an Ernest Bevin, zitiert nach CVCE: http://www.ena.lu/brief_oliver_harvey_ernest_bevin_pari_19_mai_1950-3-36189.

97 Vgl. zu diesem Abschnitt vor allem Hanns Jürgen Küsters: Die Verhandlungen über das institutionelle System der Europäischen Gemeinschaft für Kohle und Stahl. In: Ders., Die Anfänge des Schuman-Plans, a. a. O., S. 73–102.

98 Auf immerhin 342 Seiten bringt es Stefan Alexander Entel in seinem Buch: 9. Mai 1950. Die Geburtsstunde Europas. Luxemburg 2016. Allerdings ist das Erkenntnisinteresse dieses Buches ein anderes: Entel erzählt die Ereignisse um den 9. Mai 1950 zwar auch, aber ohne Interesse an Aufklärung der tatsächlichen Chronologie und ohne den Anspruch auf wissenschaftliche Zuverlässigkeit – er folgt einfach den Memoiren Jean Monnets und fragt nicht weiter nach. (Wohl daher kommt es, dass auch er den Namen Mischlich so falsch schreibt wie Jean Monnet selbst, nämlich als „Michlich") es gibt in seinem Buch weder Anmerkungen noch Bezüge auf andere Literatur. Dafür erweitert er erheblich die Perspektive und schildert in vielen Details die Lebenserfahrungen der betei-

ligten Personen, ihre Ideenwelt, die Vor- und Nachgeschichte des ‚Europatages', wesentliche weitere Etappen des Integrationsprozesses.

99 Jean Monnet, Note de réflexion, 3 mai 1950; im französischen Original: „Les esprits se cristallisent sur un objet simple et dangereux : la guerre froide. Toutes les propositions, toutes les actions sont interprétées par l'opinion publique comme une contribution à la guerre froide. La guerre froide, dont l'objectif essentiel est de faire céder l'adversaire, est la première phase de la guerre véritable. Cette perspective crée chez les dirigeants une rigidité de pensée caractéristique de la poursuite d'un objet unique. La recherche des solutions des problèmes disparaît." https://www.cvce.eu/obj/note_de_reflexion_de_jean_monnet_3_mai_1950-fr-e8707ce5-dd60-437e-982a-0df9226e648d.html.

100 Ebd.: „Déjà l'Allemagne demande d'augmenter sa production de 11 à 14 millions de tonnes. Nous refuserons, mais les Américains insisteront. Finalement nous ferons des réserves, mais nous céderons. En même temps la production française plafonne ou même baisse. – Il suffit d'énoncer ces faits pour n'avoir pas besoin d'en décrire en grands détails les conséquences : Allemagne en expansion, dumping allemand à l'exportation – demande de protection pour les industries françaises – arrêt ou camouflage de la libération des échanges – recréation des cartels d'avant-guerre – orientation éventuelle de l'expansion allemande vers l'Est, prélude aux accords politiques – France retombée dans l'ornière d'une production limitée protégée. – Les décisions qui vont amener cette situation vont être amorcées sinon prises à la Conférence de Londres sous pression américaine." https://www.cvce.eu/obj/note_de_reflexion_de_jean_monnet_3_mai_1950-fr-e8707ce5-dd60-437e-982a-0df9226e648d.html.

101 Ebd.: „Ce n'est pas l'addition de souverainetés réunies dans des conseils qui crée une entité."

102 Robert Owen Keohane and Joseph S. Nye, Power and Interdependence: World Politics in Transition. Boston, 1977. Vgl. auch Stanley Hoffmann: Obstinate or Obsolete? The Fate of the Nation-State and the Case of Western Europe. In: Daedalus, Vol. 95, No. 3, Summer 1966, S. 862–915, wo er die These vertritt, dass Monnets Methode nur in den „Low Politics" funktioniert und dies am Scheitern der EVG und an de Gaulles „high politics"-Approach und seiner Unvereinbarkeit mit der Gemeinschaftsmethode exemplifiziert.

103 Siehe Keohane, Obstinate or Obsolete, a. a. O.

104 Zitiert nach “Europe Through the Generations“, a. a. O. Die viel später von Keohane und Nye in ihrem Buch Power and. Interdependence: World Politics in Transition. Boston, 1977, vertretene Ansicht, „low“ und „high“ politics hätten ihr Verhältnis zueinander gewandelt, seien inzwischen „intervowen“, ist schon im Blick auf die EGKS angemessen: „Keohane and Nye describe that previously, the international relations were based on a simple interdependence scheme based on national security: high politics, and that nowadays the international relations are ruled by a complex interdependence based on domestic issues: low politics.“

105 Vgl. z. B. William E. Akin: Technocracy and the American Dream: The Technocrat Movement, 1900–1941. University of California Press, 1977.

106 Vgl. Beverly H. Burris: Technocracy at Work. Albany 1993 und Howard P. Segal: Technological Utopianism in American Culture. Syracuse 1985, 20th anniversary edition 2005.

107 Die deutsche Ausgabe erschien 1948 bei Rowohlt in Stuttgart unter dem Titel: Kybernetik. Regelung und Nachrichtenübertragung im Lebewesen und in der Maschine.

108 Die deutsche Ausgabe erschien 1952 bei Metzler in Frankfurt a. M. unter dem Titel: Mensch und Menschmaschine – Kybernetik und Gesellschaft.

109 Auch der Begriff des Funktionalismus verweist auf eine ganze Kulturepoche, in der er in vielen Bereichen des Denkens und Gestaltens maßgeblich war – so auch in der Bauhaus-Kunst und – Kultur; von daher stammt auch das Postulat, die Formel „form follows function“, die dann auch auf europäische Integration übertragen werden konnte, als die Funktionalismus-Theorie zur dominierenden Interpretation des europäischen Integrationsprozesses wurde. Vgl. dazu etwa Susan Lambert: Form Follows Function? Design in the 20th Century. Victoria & Albert Museum, London 1993.

110 Vgl. dazu beispielsweise Herbert Giersch: Episoden und Lehren der Globalsteuerung. In: Heiko Körner et al.: Wirtschaftspolitik – Wissenschaft und politische Aufgaben. Bern 1976, S. 277–296.

111 Donnella Meadows et al.: Limits to Growth. Potomac Associates, 1972.

112 Konrad Jarausch: Das Ende der Zuversicht? Die siebziger Jahre als Geschichte. Göttingen, 2008.

113 Delors prägte diesen Begriff am 9. September 1985 im Rahmen des Nachdenkens über die „Einheitliche Europäische Akte“, den Vertrag, der den

Binnenmarkt dann wirklich auf den Weg brachte; vgl. https://www.cvce.eu/content/publication/2001/10/19/423d6913-b4e2-4395-9157-fe70b3ca8521/publishable_fr.pdf.

114 Heinrich Siegler (Hrsg.): Europäische Politische Einigung. Dokumentation von Vorschlägen und Stellungnahmen 1949–1968. Bonn, Wien, Zürich 1968 (= Dokumentation der Deutschen Gesellschaft für Auswärtige Politik), S. 1.

115 Heinrich Schneider: Leitbilder, a. a. O., S. 293.

116 Walter Hallstein: Der unvollendete Bundesstaat: europäische Erfahrungen und Erkenntnisse. Düsseldorf 1969. Vgl. auch Wilfried Loth (Hrsg.): Walter Hallstein. Der vergessene Europäer? Bonn 1995 (Europäische Schriften des Instituts für europäische Politik, Bd. 73).

117 Joschka Fischer: Vom Staatenverbund zur Föderation – Gedanken über die Finalität der europäischen Integration. „Humboldt-Rede", 12. Mai 2000; Fischers Rede ist immer noch an vielen Stellen online verfügbar, u. a hier: https://www.europa.clio-online.de/quelle/id/q63-28290.

118 Vgl. das Urteil des Bundesverfassungsgerichts zum Lissabon-Vertrag vom 30. Juni 2009: https://www.bundesverfassungsgericht.de/SharedDocs/Entscheidungen/DE/2009/06/es20090630_2bve000208.html; darin heißt es u. a.: „Das Grundgesetzt ermächtigt mit Artikel 23 GG zur Beteiligung und Entwicklung einer als Staatenverbund konzipierten Europäischen Union. Der Begriff des Verbundes erfasst eine enge, auf Dauer angelegte Verbindung souverän bleibender Staaten, die auf vertraglicher Grundlage öffentliche Gewalt ausübt, deren Grundordnung jedoch allein der Verfügung der Mitgliedstaaten unterliegt und in der die Völker – das heißt die staatsangehörigen Bürger – der Mitgliedstaaten die Subjekte demokratischer Legimitation bleiben."

119 Vgl. dazu auch die vierseitige Stellungnahme des Wissenschaftlichen Dienstes des Bundestages vom 18. Januar 2018: Vereinigte Staaten von Europa? Verfassungsrechtliche Beurteilung eines europäischen Bundesstaates. https://www.bundestag.de/resource/blob/548328/f517c5edcb5bc91843faeoae3eab9bfa/WD-3-263-17-pdf-data.pdf.

120 Auswärtiges Amt: Leitlinien der Bundesregierung: Krisen verhindern, Konflikte bewältigen, Frieden fördern; 17.9.2019; https://www.auswaertiges-amt.de/de/aussenpolitik/themen/krisenpraevention/leitlinien-krisen/217444.

121 Diese These hat der schon zitierte Alan Fimister weiter entwickelt in seinem Buch: Robert Schuman: Neo-Scholastic Humanism and the Reunification of Europe. Brüssel (Peter Lang) 2008.

122 Zu einer ganzen Theorie europäischer Identität hat Catherine Guisan diesen Ansatz ausgearbeitet: A Political Theory of Identity in European Integration. Memory and Policies. New York 2012. Darin erntet sie die theoretischen Früchte ihres früheren Buches: Un sens à l'Europe. Paris 2003.

123 Jacques Delors: Le pardon et la promesse. L'héritage vivant de Robert Schuman. Rede zum 50. Jahrestag der Schuman-Erklärung. Luxemburg, 9. Mai 2000. https://institutdelors.eu/wp-content/uploads/2018/01/discoursvoo_01.pdf.

124 Charta der Grundrechte der Europäischen Union; https://www.europarl.europa.eu/germany/resource/static/files/europa_grundrechtecharta/_30.03.2010.pdf.

125 Eine frühe prägende Auseinandersetzung mit dem Konzept bei Léon Dion: The Concept of Political Leadership. An Analysis. In: Canadian Journal of Political Science / Revue canadienne de science politique, Vol. 1, No. 1 (Mar., 1968), pp. 2–17. Vgl. auch Regina Jankowitsch und Annette Zimmer (Hrsg.): Political Leadership – Annäherungen aus Wissenschaft und Praxis. Berlin 2008.

126 Churchills Rede in Zürich ist z. B. hier zu hören: https://www.churchill-in-zurich.ch/en/churchill/en-churchills-zurcher-rede/; das Hertensteiner Programm ist immer noch eine Referenz der Europa-Union Deutschland, siehe hier: https://www.europa-union.de/fileadmin/files_eud/PDF-Dateien_EUD/Allg._Dokumente/Hertensteiner_Programm.pdf. Vgl. auch Anm. 8.

127 Vgl. dazu Schneider, Leitbilder, a. a. O., wo der Autor die Herausbildung des Begriffs „Integration" für gerade den Weg zur europäischen Einigung beschreibt, den Monnet und Schuman einschlugen.

128 Vgl. vor allem die Klassiker der politikwissenschaftlichen Theorien von der „path dependency": Douglass C. North: Institutions, Institutional Change and Economic Performance. Cambridge 1990; Paul David: Why Are Institutions the ‚Carriers of History'? Path Dependece and the Evolution of Conventions, Organizations, and Institutions. In: Structural Change and Economic Dynamics 5 (1994) 2, S. 205–220.

Abbildungsverzeichnis

Zeitfracht Medien GmbH
Ferdinand-Jühlke-Straße 7
99095 Erfurt, Deutschland
produktsicherheit@kolibri360.de